Aire
encantado

Aire encantado

DOS CULTURAS, DOS ALAS: UNA MEMORIA

Margarita Engle

Traducción de Alexis Romay

A Atheneum Books for Young Readers
atheneum Nueva York Londres Toronto Sydney Nueva Delhi

𝒜
atheneum

Un sello editorial de Simon & Schuster Children's Publishing Division
1230 Avenue of the Americas, New York, New York 10020
Esta obra es un libro de memorias. Refleja el recuerdo presente de la autora de
sus experiencias a lo largo de un período de años.
© del texto: 2015, Margarita Engle
© de la traducción: 2017, Simon & Schuster, Inc.
Traducción de Alexis Romay
Originalmente publicado en inglés como *Enchanted Air*
© de la ilustración de portada y las ilustraciones interiores: 2015, Edel Rodriguez
Todos los derechos reservados, incluido el derecho de reproducción total o
parcial en cualquier formato.
El logo de Atheneum es una marca registrada de Simon & Schuster, Inc.
Para información sobre descuentos especiales para compras al por mayor,
por favor, póngase en contacto con Simon & Schuster. Ventas especiales:
1-866-506-1949 o business@simonandschuster.com.
El Simon & Schuster Speakers Bureau puede traer autores a su evento en vivo.
Para mayor información o para reservar un evento, póngase en contacto con
Simon & Schuster Speakers Bureau: 1-866-248-3049 o visite nuestra página web:
www.simonspeakers.com.
También disponible en edición de tapa dura de Atheneum Books for Young Readers
Diseño del libro: Debra Sfetsios-Conover.
El texto de este libro usa las fuentes Simoncini Garamond y Trajan Pro.
Hecho en los Estados Unidos de América

Edición en rústica de Atheneum Books for Young Readers
10 9 8 7 6 5 4 3 2
Catalogación en la Biblioteca del Congreso:
Names: Engle, Margarita, author. | Romay, Alexis, translator.
Title: Aire encantado : dos culturas, dos alas: una memoria / Margarita Engle ;
traducción de Alexis Romay.
Other titles: Enchanted air. Spanish
Description: First edition. | New York : Atheneum, 2017.
Identifiers: LCCN 2016048798 | ISBN 9781534404786 (hardcover) |
ISBN 9781534404274 (paperback) | ISBN 9781534404793 (eBook)
Subjects: LCSH: Engle, Margarita. | Women authors, American—20th
century—Biography. | Cuban Americans—Biography.
Classification: LCC PS3555.N4254 Z46 2017 | DDC 811/.54 [B]—dc23
LC record available at https://lccn.loc.gov/2016048798

A mis padres, que me llevaban de viaje, y a

mi hermana, que compartió las aventuras, y

a los estimados diez millones de personas que

en este momento están desplazados, producto

de los conflictos por todo el mundo.

¡Qué fácil es volar, qué fácil es!
Todo consiste en no dejar que el suelo
se acerque a nuestros pies.
Valiente hazaña, ¡el vuelo!, ¡el vuelo!, ¡el vuelo!
—Antonio Machado, *Poema 53*

❧ ÍNDICE ❧

AMOR A PRIMERA VISTA
1

VIAJES MÁGICOS
5

UN VERANO CON ALAS
61

CIELO EXTRAÑO
119

DOS ALAS
165

CRONOLOGÍA DE LA GUERRA FRÍA
187

Nota de la autora
191

Agradecimientos
195

Amor a primera vista

DÍA DE SAN VALENTÍN, 1947

Cuatro años antes
de que yo existiera

Cuando mis padres se conocieron, fue amor a primera vista. Estaban parados en la terraza de una escuela de arte en un elegante palacio conocido por estos días como el Museo Romántico. Respiraban el aire encantado de Trinidad (Cuba), el pueblo natal de mi madre. Mi padre norteamericano era un artista que había viajado a Trinidad luego de ver en la revista *National Geographic* las fotografías de la plaza colonial en la que los jinetes todavía galopaban por calles adoquinadas, a la sombra de elevados campanarios de las iglesias, con un fondo de silvestres montañas verdes. Mi madre era una estudiante local de arte, presta a enamorarse.

Ya que no podían hablar el mismo idioma, mis padres se comunicaban pasándose dibujos entre sí, como si fueran niños en la parte trasera de un salón de clases. Sus encuentros incluían chaperones, sus conversaciones eran mediante mímica: dibujos, señales y gestos tenían que sustituir a las palabras.

Él le pidió matrimonio. Las manos de ella dijeron que no. Se lo volvió a pedir. Sus ojos se negaron. Él hizo las maletas. Ella se apresuró a contarle, mediante sus dedos y expresiones faciales, que en su pueblo chapado a la antigua, las reglas del romance habían sido establecidas siglos atrás, en una época en la que las novias no debían lucir entusiasmadas. Una propuesta de matrimonio tenía que ser repetida tres veces. Dar el sí luego de tan solo dos repeticiones fue el primer acto de coraje de mi madre.

Viajes mágicos

1951–1959

El vuelo

La primera vez que mis padres
me llevan por los aires a través del mágico cielo
a conocer a la familia de mi madre en Cuba,
soy tan pequeña que apenas puedo hablar
con mis parientes:
mi abuelita,
a quien todavía le encanta bailar,
y su anciana mamá, mi bisabuela,
a quien todavía le encanta la jardinería y trabaja
tan duro como cualquier hombre
joven y fuerte.

Desde ya está isla comienza a lucir
como un reino de hadas
en el que la gente común y corriente
hace cosas
imposibles.

LA VOZ

A dondequiera que vamos en Cuba,
escucho pájaros enjaulados
y cotorras salvajes.

De algún modo, las voces emplumadas
me ayudan en mi decisión de cantar
en lugar de hablar, y aunque
canto con una voz más de rana
que de ave,
me atrevo a cantar
y eso es lo que cuenta
en esta isla
de viejos valientes
que bailan
y trabajan duro.

Más amor a primera vista

Me enamoro de la finca
en donde nacieron
mi abuelita
y su anciana mamá.

Mis deslumbrados ojos absorben
la exuberante belleza de una tierra tan silvestre
y verde que las pequeñas olas del río
en la finca de mi tío abuelo
centellean como un colibrí,
todos los peligrosos cocodrilos
y los nobles manatíes
profundamente escondidos bajo
las aguas tranquilas.

Seguro que hay sirenas ahí,
y animales que hablan,
las pálidas vacas cebú con sus jorobas
y elegantes caballos
que pastan
en colinas apacibles
y se mueven tan misteriosamente
como nubes que flotan
en el tempestuoso
cielo tropical.

DE CÓMO APRENDER
MUCHOS SIGNIFICADOS

Las memorias que aún conservo
de aquellas primeras visitas a la isla
son sosegadas.

El piso de losa fresca en un día caluroso
y una cocina al aire libre con mamparas
que solo hacen falta en medio de los huracanes;
cuando hay buen tiempo, las polillas y los pájaros
vuelan dentro y fuera de la casa, vagabundeando libremente
hacia los árboles del patio, sobrevolando
a las ancianas que se abanican la cara
en los sillones y le dan la bienvenida
a la brisa del mar.

A las ancianas les encanta el aire puro,
pero también tienen miedo de los *aires*,
una palabra que puede ser una ráfaga
del refrescante aliento del cielo, o puede significar
espíritus
peligrosos.

Sin un lugar en el mapa

Luego de esos primeros veranos por todo lo alto,
cada vez que volamos de regreso a nuestras
vidas en California, uno de mis dos yo
se queda atrás: la niña que sería
si viviera en la isla de mami,
en lugar de en el continente de papá.

En los mapas, Cuba tiene la forma de un cocodrilo,
pero cuando miro el boceto en el papel plano
no puedo ver la bella finca
en el vientre del cocodrilo.
No encuentro las palmas
o las playas de brillantes corales
en las que los peces voladores saltan,
relucientes
como el arco iris.

A veces, me siento
como si fuera una ola del mar,
una ola que solo pudiera pertenecer
en un punto medio
entre dos orillas sólidas.

A veces, me siento
como si fuera un puente
o una tormenta.

LAS PLANTAS BAILADORAS DE CUBA

En California, todos los árboles y arbustos
se están quietos, pero en la isla, a los cocoteros
y a las trompetas de ángel
les encanta bambolearse,
bailar.

Las pencas y los pétalos ondean
al viento salvaje.
Las orquídeas trepadoras cuelgan
de las ramas altas.
Las delicadas hojas
de las sensibles mimosas
se enrollan, se acurrucan y se cierran
como las páginas
del libro de un mago,
cada vez que toco
su magia enraizada.

Quizá algún día seré científica
y estudiaré las plantas bailadoras de Cuba.

MÁS Y MÁS SIGNIFICADOS

En un país, escucho las dulces palabras
del otro.
Dulce de leche significa...dulce de leche.
Guarapo es el jugo de la caña.

En casa en California, cuando hablo
el presuntuoso inglés, puedo decir que vuelo,
pero cuando declaro lo mismo en español
tengo que decir que voy por avión.

Dos países.
Dos familias.
Dos juegos de palabras.

¿Soy libre de necesitarlos a los dos,
o acaso siempre tendré que escoger
solo una manera
de pensar?

LAS PRIMERAS LLAMAS

En casa en Los Ángeles, cuando a mi hermana mayor
le da la polio, todavía no soy lo suficientemente grande
como para entender palabras de mal agüero como
"pulmones de hierro," "cuarentena" o "la luz eterna": la vela
que nuestra abuelita allá en Cuba
promete encender
en honor a la Virgen
de la Caridad del Cobre
con una condición:
que la Virgen de la Caridad del Cobre
acceda a perdonarle la vida
a Magdalena,
Madalyn,
Mad.

Cuando Mad sobrevive —y ni siquiera
le hace falta una silla de ruedas— la buena noticia viaja
por teléfono hasta la isla
en la que una vela agradecida
empieza a brillar
por siempre.

APRENDER A ESCUCHAR

Papá encuentra trabajo de profesor de arte en una
universidad cerca de la frontera de Oregón,
en donde viviremos
en una casa de un libro de cuentos, rodeada
de un bosque gigantesco.

Mami nos dice a Mad y a mí
que nuestra nueva casa será
el paraíso, pero papá dice que echaremos de menos
a sus padres: mi otra abuela
y mi otro abuelo, los que viven
en Los Ángeles y no hablan
ni una gota de español, sino inglés y ruso
y yiddish, pues nacieron
en Ucrania, un sitio del que huyeron hace mucho tiempo
con tal de escapar de la violencia.

Es cierto que los echamos de menos
en el bosque norteño en donde el aire
resulta ser demasiado frío
para la mente tropical de mami.
La niebla le da pavor,
detesta el tiempo plomizo, le da miedo el gris
y extraña el azul.

A mí también me gusta el cielo azul, pero además me encantan
estos árboles de corteza roja
y el romper de las olas del océano
en la costa fría y pedregosa.

Me encanta ver el moho,
las mariposas naranjas, las libélulas azules.
Me encanta la naturaleza.

También me gusta escuchar
cuando mi madre nos lee cuentos.
Su voz de lectora brilla
con el caliente sol cubano, aun cuando
el libro esté en inglés, un idioma
con una ortografía tan rara
que para ella, ciertos sonidos siempre serán
misteriosos.

Cuando mami lee en voz alta,
lo único que quiero es otra página
y luego otra
y la siguiente...

pero estoy aun más fascinada
cuando mami recita poesía en voz alta,
de memoria —como aquella de José Martí
sobre cultivar una rosa blanca
como un regalo para los enemigos
al igual que para los amigos.

No sé qué significa,
así que mami me explica
que es un verso sencillo
acerca del perdón.

AIRE PELIGROSO

Una noche,
nuestra casa del libro de cuentos
en el bosque empinado
de repente queda
envuelta en llamas.

Las pinturas de papá se desmoronan en ceniza.
Las fotos de la familia de mami en Cuba
se elevan al cielo frío,
hilillos
aislados
de
un humo
negro
que se mezcla
con la niebla gris.

Luego, nos enteramos de que la causa del incendio
fueron unos cables, tan perfectamente escondidos
dentro de paredes visibles.

Después de las llamas

Nos mudamos al sur otra vez,
a una cabaña en las laderas
de las montañas cercanas a Los Ángeles,
donde el arce sicomoro perfora
el techo de la cabaña y los ciervos salvajes
se comportan como mascotas domésticas que beben
de los grifos con salideros.

Cada noche, mami se levanta —silenciosa,
secretamente— a apagar toda
la electricidad,
para que el fuego
nunca nos pueda
volver
a encontrar.

El miedo ha entrado de repente en nuestras vidas,
como un rezago de etéreos hilillos de humo
de aquellas chamuscadas
paredes de libros de cuentos.

MÁS Y MÁS CASAS

A veces, en los fines de semana,
vamos en carro a México, en donde papá
pinta corridas de toros, mientras me quedo
con una señora que tiene un chivo
que me carga en sus cuernos.
Después, nos mudamos a una esquina
del nordeste de Los Ángeles
conocida como El Hueco de la Mofeta,
pues sus calles irregulares
todavía no han sido pavimentadas,
lo que hace que pequeños animales salvajes
vaguen por sus patios polvorientos.

Papá enseña arte, y pinta.
Mami planta flores,
cose vestidos y escucha
viejas canciones de amor,
mientras que Mad y yo deambulamos a la intemperie
en busca de aventura.

MI PAPÁ AMERICANO

Papá pinta un caballero montado en un caballo blanco
que galopa rumbo a un molino de viento.
Don Quijote, nos explica,
no es un caballero real, sino un hombre que sueña
con combatir a gigantes imaginarios
como el molino de viento, con sus brazos que giran
y su estatura imponente.

Cuando papá me da mis propios materiales de arte,
pego una hoja grande de papel en una pizarra,
y me pongo un blusón sobre mis ropas,
para evitar que todos los colores del mundo
echen a perder el vestido que me hizo mami.

¿Qué debería dibujar con mi nuevo
arco iris de crayones?

Papá pinta a mi madre hermosa,
y pinta a mi linda hermana.
Las dos tienen grandes ojos oscuros,
¿así que por qué los míos son de un verde-azul-gris
como las olas del océano
en un clima
veleidoso?

Cuando papá pinta mi retrato,
mis ojos se parecen a los de Don Quijote,

ni felices ni completamente tristes,
sino llenos de ensoñaciones
y anhelos.

LA JICOTEA VINO A VERME

El primer cuento que escribí
es el dibujo brillante a creyón
de un árbol que baila, las ramas
sacudidas por el viento de la isla.

Me dibujo de pie al lado del árbol,
con una colorida cotorra suspendida en el aire sobre mí,
y una jicotea mágica enganchada en mi mano,
y dos alas amarillas aleteando
en los orgullosos hombros de mi adornado
vestido de encaje
de rumbera cubana.
En mi clase de kindergarten en California,
la maestra me regaña: LOS ÁRBOLES REALES
NO LUCEN ASÍ.

Es el momento
en que por primera vez
comienzo a aprender
que los maestros
pueden equivocarse.

Nunca han visto
las plantas bailadoras
de Cuba.

CUANDO FUI UN CABALLO CERRERO

La próxima vez que hago un dibujo,
es la misma rumbera
de alas doradas, pero esta vez
está a caballo, con una sonrisa,
y de algún modo sé
que soy los dos,
la jinete voladora
y el rápido
corcel.

Después de eso, cada vez que los adultos
me preguntan si tengo en planes ser una artista
como mi padre, les digo que no,
que seré
un caballo cerrero
sobre las verdes colinas,
en pleno vuelo...

MI MAMI CUBANA

En las calles de Los Ángeles,
los desconocidos me preguntan si mi madre
es una estrella de cine.
Su hermosura hace que los hombres
vuelvan la cabeza, mientras las mujeres envidiosas
le aconsejan que se ponga un mar pacífico carmesí
detrás de una oreja, como todas las demás
exóticas estrellas extranjeras.

Pero mami es tímida.
Ella preferiría cuidar todo un jardín
que ponerse una simple flor jactanciosa
en su pelo negro y ondulado.

En su nostalgia, escucha música cubana.
En su nostalgia, se canta en español.
En su nostalgia, hace cuentos de la isla.
En su nostalgia, cose tropicales vestidos floreados
para madre e hija,
aunque Mad y yo preferimos
correr a la intemperie vistiendo pantalones cortos
y sin combinar
jamás.

Cuando mami nos da muñecas lindas,
las tiramos al armario.
En su lugar, jugamos con insectos, caracoles
y lombrices de tierra.

Pero mami espera que planchemos nuestra ropa de cama,
y que pongamos la mesa, cuando lo único que quiero hacer
es leer cuentos de aventuras.

Al leer *El corcel negro*, *Colmillo blanco*
y *La llamada de la selva*,
noto que los héroes son siempre muchachos.
Por fortuna, mami me asegura
que puedo hacer cualquier cosa que haga un muchacho.
Nos deja a Mad y a mí que llenemos nuestro cuarto
con criaturas vivas.
Orugas, renacuajos, lagartijas,
gatos y perros callejeros, un conejo,
y pájaros salvajes heridos.

Después de todo, mami nos entiende.
De alguna manera, sabe que incluso las muchachas
que tienen que cocinar, limpiar, coser y planchar
también necesitan la libertad para curar
alas lesionadas.

AIRE DAÑADO

Los Ángeles está lleno de smog.
Tenemos que quemar nuestra basura
en un incinerador del patio.

No en balde el aire parece ser una maldición
del humo.
No en balde mami todavía siente nostalgia
del cielo azul
que limpian
las tormentas tropicales.

Una a una,
prueba una docena de las artes:
revelar fotos en un cuarto oscuro,
dar vueltas a la arcilla suave en la rueda del alfarero,
darle forma al duro metal y convertirlo en joyería...

Una a una
domina más y más
palabras en inglés y conquista más
y más sus miedos, incluso el de aprender
a manejar un carro, aunque nunca
se atreve a entrar en la autopista veloz.

Despacito, por bocacalles,
nos lleva a parques con riachuelos,
en los que recogemos berro silvestre
para ensaladas amargas.

Todavía inmersa en la nostalgia, mami por fin entra
en los deslumbrantes sueños de Hollywood,
pero no actúa.
No, el único papel que interpreta es real,
sus verdaderos sentimientos en tarima
para entretener
a los desconocidos.

El título del feo programa
es *Reina por un día*, un espectáculo de juegos
en el que las mujeres que compiten lloran e imploran
hasta que una recibe
una corona dorada
y un deseo.

En la tele, mami llora mientras ruega
que le den un pasaje de avión
para ir a visitar a su madre
en Cuba.
Pero pierde.
En su lugar, la audiencia escoge
a otra plañidera, una rubia
que tan solo quiere una lavadora-secadora,
un deseo familiar,
hecho en América
y moderno.
Metálico. Duro. Frío.
Sólido.

LA PARENTELA

Dos lados
de historias familiares:
una larga y detallada,
sobre muchos siglos
de ancestros isleños, que vivían
en la misma finca tropical...

El otro lado de la familia cuenta historias
que son breves y vagas, sobre la violencia
en Ucrania, de donde los padres de papá
tuvieron que huir para siempre, dejando atrás
a todos
sus seres queridos.

Ni siquiera saben si alguno
sobrevivió.

Cuando mami cuenta sus cuentos floridos de Cuba,
llena sus palabras trepadoras de parientes.
Pero cuando le pregunto a mi abuela
judeo-ucraniana-americana
acerca de su infancia en una aldea
cercana a la nevada Kiev,
lo único que revela es una sola
memoria
de patinar
en un lago congelado.

Por lo visto, el largo
de la historia de un adulto
sobre su infancia
es determinado
por la diferencia
entre inmigración
y fuga.

LA GEOGRAFÍA DE LAS BIBLIOTECAS

Los cuentos que me hacen ya no bastan
para saciar mi hambre.
Tengo un antojo constante de un suministro
de historias escritas, también.

Cada semana, tomo prestados
todos los libros de la biblioteca que pueda cargar,
tantos que a veces me siento malabarista,
balanceando
montones
de fascinantes
páginas
en el aire.

Cuando he terminado de leer
todos los libros de la sección para niños,
comienzo a colarme en la zona
de la biblioteca destinada a los adultos,
en donde los libros de viajes
me ayudan a soñar
con islas.

OTROS VIAJES

Algunos veranos,
nos las arreglamos para viajar,
aunque papá tenga que pedir dinero prestado
para visitar Cuba,
en donde mami por fin puede ver
a su familia, y yo me puedo sentir
en casa con mi segundo yo,
la gemela invisible que pertenece
a esta salvaje finca tropical
en lugar de a una ciudad
moderna.

DIFERENTE

Durante el año escolar,
solo hay una yo,
una polilla de libros inadaptada
con largas trenzas,
ojos preocupados,
un diente roto
que me hace lucir
como un vampiro,
y tarjetas de reporte
que tengo que esconder
para que no me insulten
y se burlen de mí.

Cuando los maestros se quejan de que me aburro,
me hacen saltar un par de grados,
así que ahora, de la noche a la mañana, de repente
soy mucho más joven
que todos los demás
en una clase
en la que no conozco
a nadie.

Ahora solo hay un lugar al que puedo
pertenecer en verdad: esta pila interminable
de páginas en blanco en mi mente,
un mundo vacío
en el que escribo
más y más poemas,

mientras recorro el camino de ida y vuelta
de mi escuela pública,
y deseo
vivir en una finca,
y ser un yo que sienta que es
natural.

LOCA POR LOS CABALLOS

Papá y mami dicen que lo que quiero
no tiene sentido —ahora que vivimos
en la ciudad de Los Ángeles, que es un hervidero.

Insisten en que solo puedo tomar clases de arte,
y ballet, no de equitación.

Pero he leído demasiadas aventuras de viajes
como para saber que, a veces, el sentido común
no es algo que verdaderamente
valga la pena.

Así que monto a caballo en mis ensoñaciones.
Galopo.
¡Vuelo!

Con los pies en la tierra

Algunos veranos solo tienen enormes
alas que no pueden levantar el vuelo, como los avestruces
o los emúes.

Este año, mis padres deciden
que el único lujo que nos podemos dar
es un viaje por carretera,
una larga y exótica travesía a través de desiertos calurosos
a México, en donde Mad y yo escalamos
la Pirámide del Sol
y la Pirámide de la Luna.

En las junglas tropicales, los verdes papagayos salvajes
me recuerdan los cielos de la isla, y en las aldeas
me encuentro con las miradas implorantes
de mendigos sin piernas
que cantan una y otra vez "una caridad
por el amor de Dios".
Caridad, por el amor de Dios.
Bondad.

MISTERIOS

Una tras otra, las visiones del más allá
me dejan estupefacta.
En un funeral en una aldea
hay fuegos artificiales festivos,
y todos los dolientes visten de blanco
en lugar de negro.

Bajo tierra, en las espeluznantes catacumbas
de Guanajuato, huyo de las momias,
las momias que no son momias reales,
en verdad, sino esqueletos sonrientes
que posan en posturas agonizantes
que regresan
en mis pesadillas
a quitarme el sueño.

Luego, en los verdes bancos
de una tranquila rivera en Oaxaca,
Mad y yo nos hacemos amigas
de un muchacho que se llama Pancho,
que monta en su propio burro,
un borrico que me da
tanta envidia, que no puedo creer
que Pancho me envidie a mí.

Él piensa que mi vida en la ciudad,
con carros y bicicletas

debe ser mucho más
emocionante
que su burro.

¿Acaso existe un modo en el que dos personas
de lugares distantes
puedan entender
verdaderamente las ensoñaciones
mutuas?

CABALLOS CERREROS

El único souvenir que quiero de México
es un impermeable de guano como el de Pancho.
Las marrones hojas secas me dan picazón
pero cuando cae la lluvia tropical,
sé lo que siente un árbol
que pertenece en la naturaleza.

Luego de que papá pinte las pedregosas ruinas
de Monte Albán, vamos en carro a la costa de ensueño
del lago Pátzcuaro, en Michoacán,
en donde las anchas redes de los pescadores tienen la forma
de las elegantes
alas de las mariposas.

Pronto, en una aldea en las ásperas laderas
del volcán Paricutín, alquilamos caballos
para que podamos subir el volcán y ver
el campanario de una iglesia
que subsistió al flujo
de la lava feroz.

El volcán es duro y oscuro,
un paisaje tenebroso que hace que mi caballo
tiemble, pero la torre de la iglesia iluminada
luce como algo que hubiese soñado
Don Quijote.

Mi aterrorizado caballo
se escapa conmigo a cuestas,
y galopa
pendiente abajo.

Para el momento en que llegamos a la aldea,
me duelen las manos de aguantarme,
pero no me he caído, así que siento
como si hubiera absorbido
un nuevo poder,
la invisible
sombra
del coraje.

DE REGRESO A CASA

Para el momento en que cruzamos la polvorienta
frontera de los Estados Unidos, hemos gastado cada centavo
del dinero que pedimos prestado para el viaje,
y lo único que tenemos para comer
es pan con leche de cabra endulzada,
y lo único que planeo ponerme en el futuro
es mi impermeable de guano,
aunque las secas hojas de palmera
ya han comenzado
a desmoronarse.

NOTICIAS

En casa, comienzo a sospechar
que los gastos de los pasajes por avión
no fueron el único motivo de mis padres
para que nos aventurásemos en México,
todo el verano, con los pies en la tierra,
en vez de volar
a través del aire encantado
a Cuba.

Revolución.
Violencia.
Tiroteos.
Peligro.

Nuestra vieja tele en blanco y negro pestañea
como si tuviese conciencia
y se resistiera
a seguir mostrando
un horror tras otro.

La gente en Cuba está en pie de lucha.
Hay una guerra civil para derrocar
a un dictador.

¿Hay algunos de los tantos primos de mami
que están matándose
entre sí?

Cuánto me gustaría que la tele se convirtiera
en un libro de páginas obedientes
en el que pudiese saltar rápidamente
hasta llegar al próximo
cuento.

¿Y YO QUÉ SOY?

En la escuela, todos los estudiantes y maestros
parecen estar furiosos con Cuba.
¿Y TÚ QUÉ ERES?,
me preguntan.

Es una pregunta que requiere fracciones
y a mí no me gustan las matemáticas.
¿Tengo que admitir
que soy mitad cubana, mitad americana,
o acaso debo ir más lejos y explicar
que los padres de papá nacieron en Ucrania,
que es parte de la Rusia soviética?
¿O es que soy simple y llanamente americana,
con todas las fracciones dejadas atrás
con las inmigraciones desde naciones distantes?

NOSOTROS ÉRAMOS EL PAPÁ NOEL
DE ESA POBRE ISLITA,
perjura mi maestra.
Se arrodilla y me habla directamente
al oído, como si me confiara un secreto terrible.
VAYA INGRATITUD, añade.

Obviamente, es una acusación.
A pesar de que no entiendo,
de algún modo acabo
sintiéndome culpable.

¿Por qué que un adulto tan ignorante
se imagina
que me conoce?

MÁS Y MÁS SECRETOS

Mis padres tan amables, que nunca gritan,
ahora pasan más y más tiempo
entre susurros.

Escucho el sonido
a través de las sólidas paredes.

Parece incluso más alto
que si gritaran.

Incluso más alto
que las noticias en la tele,
con su conciencia
y todo ese pestañeo.

ESPÍAS

Nuestro vecindario de Skunk Hollow
por lo general es muy amistoso.

Mami se sabe los nombres del cartero,
el lechero, el panadero, el vendedor de cepillos,
el afilador de cuchillos y la vendedora de Avon.

Mami es educada
con cada vendedor que toca a la puerta,
incluso con quienes tiran mugre
en nuestro piso, para poder demostrar
sus aspiradoras.

Pero a ratos los amistosos vecinos
se vuelven un poco entrometidos.
A una anciana que se asoma
por detrás de sus cortinas
le encanta delatarme
si monto mi bicicleta muy rápido,
o si no miro a ambos lados
antes de cruzar la calle.

Cuando entablo amistad con una niña
a quien le gusta jugar al borde
de la peligrosa autopista,
alguien me delata, y pronto
me meto en problemas.

Nuestro vecindario
a veces
se puede volver hostil.

¿La gente me mira
por detrás de sus cortinas de encaje
porque soy tan desobediente
o porque saben que mami
es de Cuba?

BAJO INVESTIGACIÓN

Un día mami recibe una llamada
que la hace lucir petrificada.
Llama a papá y le implora que venga a casa de inmediato.

Unos minutos después, dos hombres de traje
tocan a nuestra puerta.
Por suerte, papá está en casa para el momento que mami
tiene que darles la cara a dos agentes ceñudos
del Buró Federal
de Investigaciones.
El FBI.
Como mismo pasa en la tele.
Solo que de algún modo, ahora
nosotros somos de repente
los malos de la película.

¿Qué tiene de malo recibir
llamadas, cartas y paquetes
de Cuba?

¿Es que acaso nos debería importar menos
la familia de mami en la isla
que la familia de papá: mi abuela,
mi abuelo, tías, tíos
y primos
que viven tan cerca
que los vemos
cada domingo?

¿Acaso una mitad de mi familia
puede ser realmente mucho más mala
que la otra?

Si tan solo pudiera ser yo misma,
en lugar de mitad rompecabezas,
mitad acertijo.

DESPUÉS DEL FBI

Toda la magia
se escapa
del aire
en nuestro hogar acogedor,
como si un globo que flota
se hubiera reventado, sin dejar nada
excepto un pedazo inerte
de plástico
colorido.

MIS PROPIAS PREGUNTAS

Si tan solo pudiera ser yo
la que investiga.
Preguntaría por qué los hombres vestidos de traje
insistieron en que ya tenían un archivo
para papá, un archivo que podría poner su nombre
en una pavorosa lista negra, para que ningún
museo o galería de arte
jamás exhiba
sus pinturas.

Los agentes dijeron que sabían que papá
había tomado una clase de historia del arte
por correspondencia
con un profesor comunista de UCLA
durante la Segunda Guerra Mundial.

A los agentes no les importó para nada
que cuando tomó la clase,
papá era un marinero de un barco sin armas
de la marina mercante que valientemente
les llevaba comida a los hambrientos marineros
de los buques de guerra del US Navy.

Tengo más preguntas que el FBI.
¿Qué es un comunista?
¿A quién se le ocurrieron las listas negras?
¿Cómo es posible que una clase de arte pueda ser
un acto de traición?

Lo único que conozco de la Segunda Guerra Mundial
es la crueldad.
¿Lo van a enviar a campos de prisioneros,
como a los judíos en Alemania,
o como a nuestro propio amistoso
dentista japonés-americano,
a quien encerraron al otro lado de una alta cerca,
en el desierto de California, justo después de que Japón
bombardear a Pearl Harbor?

¿Por qué de repente se habla de los cubanos
como enemigos?
Hasta no hace mucho, la isla de mami
solo era conocida por la música
y el azúcar.

ESCONDITE

Mami lleva las cosas que vinieron de Cuba
al garage. Cartas. Revistas.
Cajas de galletas.

Dentro de cada caja, hay sorpresas
del tamaño de postales de béisbol: extraños,
horripilantes, coleccionables pedazos de papel arrugado
que muestran fotos de hombres torturados,
manchados de sangre, acribillados a balazos, barbudos
revolucionarios cubanos, como los primos
de mami.

Cuando la veo en el garage, mirando
las horribles postales, me explica
que las fotos son puestas en cajas de galletas
como si se tratara de una especie de periódico, porque
muchos guajiros cubanos no saben
leer, pero una imagen la entiende
cualquiera.

REFUGIO

La fealdad de las fotos de guerra
y la incertidumbre de las noticias en la tele
se unen a la memoria de las preguntas del FBI
para hacerme sentir deseosa de trepar
a mi propio mundo secreto.

Los libros están encantados. Los libros me ayudan a viajar.
Los libros me ayudan a respirar.

Cuando me subo a un árbol, llevo un libro conmigo.
Cuando camino de regreso a casa de la escuela, llevo
mis propios poemas, dentro de mi mente,
en donde nadie más
puede alcanzar las palabras
que son entera,
completa,
eternamente
mías.

LA VISITANTE

Mis padres son valientes.
No le tienen miedo
al FBI.
¡Abuelita viene a visitarnos!
Va a estar aquí mismo,
en nuestra casa.
No nos importa si los vecinos
piensan que los cubanos son peligrosos.

¿Qué pensará abuelita de este país?
Grandes autopistas, puentes gigantescos, un continente
enorme...

Tan pronto llega, le encanta todo,
y se ríe cuando admito que preferiría
vivir
en su isla.

Me enseña a bordar
un colorido bouquet de flores de algodón
que luce tan alegre como el jardín
en donde mami ha plantado un refugio
para sí misma, que huele
a perfume, y está lleno
de la música de las abejas.

Qué extraña esta sensación
de ser una familia normal,

con dos amistosas abuelas
que viven en la misma ciudad
a la vez.

A pesar de que no pueden hablar
el mismo idioma, abuelita
y *grandma*
dan la impresión de entenderse
mutuamente.

Sin alas

Los pasaportes son solo papel,
pero sin ellos no puedes ir
a ninguna parte.

Cuando el límite de los seis meses
en el pasaporte
de abuelita
se cumple,
tiene que regresar
a la isla
por avión.

Si tan solo yo tuviera
mis propias
alas de papel
para ir con ella.

REALIDAD

Los poemas, los cuentos de viajes y la naturaleza
me mantienen esperanzada.

Mad y yo deambulamos a la intemperie, siguiendo
las misteriosas huellas de la vida en estado salvaje:
lagartijas, mofetas, ardillas y pájaros
que parecen llevar y traer mensajes
de un lado a otro
entre esta tierra seca y pedregosa
y el cielo de Los Ángeles lleno de esmog.

A ratos la vida diaria se desvanece
mientras me pregunto cómo sería mi segundo yo
si viviéramos
en la pequeña isla de mi madre,
en lugar de en la ciudad grande de mi padre.

Es realmente posible sentirse
como dos personas
a la misma vez,
cuando tus padres
abuelos
memorias
palabras
vienen de dos
mundos
distintos.

Un verano con alas

1960

NOTICIAS VESPERTINAS

Antes de todos los problemas en Cuba,
Mad y yo solo teníamos permiso para mirar
un programa de televisión a la semana:
Lassie o Disney, nosotras escogíamos.

Ahora vemos las noticias cada tarde.
Explosiones.
Ejecuciones.
Venganza.
Los refugiados huyen de Cuba.

Mami se preocupa por su familia,
así que papá la urge a que vaya a verlos.
Lleva a las niñas, murmura,
seamos realistas; esta podría ser
tu última oportunidad.

¿Última oportunidad? ¡No!
No puedo imaginarme
un futuro
que termine...

El tren de la última oportunidad

Este verano va a ser tan extraño.
Papá no irá con nosotros.
En su lugar, viajará solo
a estudiar arte en Europa.
Aunque es maestro,
le encanta seguir aprendiendo.

Mamá nos deja llevar las orugas que tenemos de mascotas,
pero antes de que podamos volar
a través del cielo mágico,
hay un largo, estentóreo viaje
de tres días por tren
hasta New Orleans.

Desiertos y pantanos pasan veloces por las vibrantes
ventanas del tren, como paisajes raros
en un cuento de ciencia ficción
sobre planetas espeluznantes
con atardeceres de fuego.
Echo un vistazo en mi pequeña maleta azul
y estudio el modo en que la inquieta oruga
se transforma en un paciente capullo.

La parte científica de mí sabe
que no debería de haber empacado insectos.
Podrían convertirse en plagas de una finca
en un lugar nuevo...

¿pero quién los iba a cuidar
si los dejáramos solos en casa?

Así que aquí están, en mi equipaje,
ayudándome a entender qué se siente
cuando a una le crecen
alas escondidas.

FLUJO

En la vaporosa estación de trenes
en Nueva Orleans, unos letreros horripilantes
sobre los bebederos
anuncian:
DE COLOR.
BLANCOS.

Confundida, bebo de las dos.
¿Qué importancia tiene si un refrescante
chorro de agua fresca
entra
en
mi
boca
o
en otra cualquiera?

En el aire

El avión rumbo a Cuba
está casi vacío.

¿Somos las únicas personas dispuestas
a viajar en la dirección de un país
que ha sido llamado problemático
por los reporteros en la tele?

Siento como si estuviera haciendo *zoom*
a una galaxia en la que todos
son invisibles, excepto nosotras tres.
Mami. Mad. Yo.
Y nuestro diminuto zoológico
de pacientes capullos.

Así que me estiro en una hilera de asientos,
aunque el vuelo es corto, y estoy
demasiado emocionada como para dormir.

La turbulencia nos sacude.
Las ráfagas de viento amenazan
con hacer que el avión se estrelle
en las profundas aguas azules
entre las orillas.

Si nos hundimos, ¿habrá sirenas
a lomo de caballos de mar,
o tiburones

con dientes
tan afilados como cuchillos?

Al mirar a las escalofriantes olas,
me pregunto si el espíritu viajero
de la magia en el aire
se envolverá a mi alrededor,
como el sedoso pegamento que amarra
a los capullos inmóviles
a las ramas secas.

ALETEO

En el aeropuerto de La Habana, salimos
al feroz calor de un día tropical.
Mad y yo abrimos nuestras maletas
y les damos la libertad a nuestras mariposas.
Papiliónidos de amarillas y negras
rayas de tigre.
Capas negras de luto.
Virreyes anaranjados.

Mi mente y mi corazón empiezan a aletear.
¿Qué hemos hecho? ¿Podrán nuestros delicados insectos
encontrar el néctar suficiente, o morirán de hambre,
o sentirán nostalgia y migrarán
de regreso
hasta California?

Si tan solo pudiera entender
el idioma de las alas.

REVOLUCIONARIOS

Recuerdo la isla como un lugar tranquilo
de pacíficos caballos y vacas, pero ahora
lo único que veo son tumultos de soldados barbudos
en uniformes de un verde opaco
con oscuras ametralladoras
equilibradas
en sus rudos hombros.

La música que sale de la radio de cada carro
es una mezcla de redoble de tambores
de canciones del ejército.
Los discursos trompetean desde los megáfonos.
La gente susurra en grupos pequeños.
Lenguaje de guerra.
Lenguaje de rabia.
Lenguaje de machos.

Nada que ver conmigo o con Mad o con mami,
o...¡mira, ahí está abuelita
y mi bisabuela!

PASMADA

Flores deslumbrantes, árboles alegres,
vestidos coloridos...

Uniformes.
Rifles.
Barbas.

Mientras parte del cielo tormentoso explota
con un rugiente aguacero, otra área
se mantiene tranquila y azul.
La lluvia y el sol a la vez.
Un misterio de brillo
y oscuridad.

Cotorras radiantes, jardines festivos,
un arco iris...

Mendigos.
Forasteros.
Ceños fruncidos.

SENTIRSE CASI COMO EN CASA

En el carro de tío Pepe, llegamos
a una casa pequeña en un camino sin pavimentar,
en Los Pinos, una periferia rural
de La Habana
en la que las fincas y las casas
radican en el fango, lado a lado.

El cielo todavía es compartido entre el sol y la lluvia,
pero ahora también hay auras tiñosas, que vuelan en círculos
como una rueda
de amenazantes preguntas
con alas.

Abuelita vive en una casa pequeña,
y mi bisabuela tiene una más grande
al otro lado de la fangosa calle.

Así que corremos de un sitio al otro,
absorbiendo abrazos, besos y saludos
de docenas de curiosos tíos, tías
y primos de todas las edades,
gente que resulta familiar
y desconocida
a la misma vez.

Casi siento
que una parte de mí
todavía pertenece a este lugar.

LOS BARBUDOS

El día siguiente es una oportunidad para redescubrir
todo lo que me encantaba cuando era bebé.
Matas de mango con forma de sombrillas,
flamboyanes de hojas de un rojo fuego,
el tamarindo amargo, con sus semillas brillantes
que se pueden ensartar para hacer collares
con forma de flores marrones.

Cuando un camión lleno de soldados barbudos
ruge por el camino fangoso, estoy a la intemperie
con Mad y un variopinto grupo de niños:
primos, vecinos, desconocidos, amigos.
Los soldados cantan una canción de guerra,
una marcha que narra un cuento de rabia
contra los norteamericanos.

Después de todo, quizá no pertenezco.
No completamente.
No más.

TARÁNTULAS Y ESCORPIONES

Las preguntas se agolpan en mi mente,
como ráfagas repentinas
de un miedo confuso.

¿Cuántos soldados murieron
en la revolución que terminó
hace solo unos meses?

Imagino que algunos deben haber sido
primos de mami: mis propios parientes.
Pero temo preguntar.
No quiero saber.

Así que deambulo por las fincas
con Mad, en busca de pequeñas criaturas
que estudiar, pero mi mente también divaga
lejos de las tarántulas
y los escorpiones que atrapamos...
al fondo profundo de la tierra
en donde es posible que haya huesos enterrados.

Secretos

Balas.
De cobre.
Del tamaño de un dedo.
Brillantes.

Las balas que quedan de la guerra.
Las balas en el jardín de mi abuela.
¿Todavía son poderosas?
¿Pueden explotar?

Toda la distancia entre la oscura tierra
y el aire claro
parece reducirse.

Estas balas son mías ahora, no importa
cuán prohibidas estén.

Si no le digo a ningún adulto
que las tengo, estaré a salvo.
¿Verdad?

DOS MENTES

Con dos balas escondidas
en el bolsillo de mis *shorts*, corro
de uno a otro lugar entre la casa pequeña
y la más grande.

Casi no hay tráfico
en el camino fangoso, solo jinetes,
pregoneros, burros, mulas, chivos,
perros callejeros y niños entusiasmados.

Algunos de mis nuevos amigos son tan flacos
como esqueletos.

Otros solo son dueños
de sus apodos.

Los niños corren y saltan ruidosamente.
Las niñas miran en silencio.

No estoy segura de quién soy en este punto,
si la cotidiana
y tímida polilla de libros
del año escolar
norteamericano que es mi yo...
o esta nueva persona,
la isleña pícara
que siente que es casi

tan valiente
como
un
niño.

El jardín de mi bisabuela

Con matorrales enredados a su alrededor,
la mamá de abuelita trabaja tan duro
como cualquier guajiro. Bananas. Papayas.
Boniatos. Limones.
Puede cultivar cualquier vianda
y sonreír con cualquier chiste,
incluso los más rudos
que cuentan los hombres.

Ha estado viva por más
de noventa años.

Nació cuando Cuba todavía pertenecía
a España: cuando los esclavos de la isla
todavía no eran libres, y las guerras
eran como tormentas, que arrasaban
la tierra de cultivo de lado a lado
cada unos cuantos años.

Ahora arranca una brillante fruta verde
de un árbol con enredaderas y me la ofrece.
Este limón es el mejor regalo que he recibido.
Fragancia. Sabor. Color. Redondez.

Las manos de mi bisabuela lucen tan fuertes
como una herramienta de jardinería, aunque su piel
es tan fina como el papel, como la luna del cielo diurno
que se niega a ocultarse
después del alba.

¿Qué diría la mamá de abuelita
si supiera lo de mis dos
balas ocultas?

¿Qué pensarían abuelita y mami
y papá, tan lejos en Europa?
Él fue un marino mercante sin armas,
no un soldado, así que ¿no estaría
decepcionado de mí por quedarme
con un secreto
tan violento?

Muerdo con reverencia
la dulzura amarga de ese limón
cultivado en casa.

El aroma es una mezcla
de suavidad y poder,
al igual que las fuertes manos
de mi bisabuela.

El pelo de mi bisabuela

De noche, cuando la mamá de abuelita
se suelta el canoso pelo largo y crespo
de las trenzas apretadas,
este fluye como agua,
y sus años
parecen desvanecerse.

No sé cuál de las dos
está viajando en el tiempo.

¿Ha vuelto a ser joven otra vez,
o acaso acabo de aprender
a imaginar?

CUENTACUENTOS

La mamá de abuelita parece fácil
de complacer siempre y cuando me quedo a la intemperie,
donde su huerta silvestre
es el centro del mundo que compartimos.

Pero justo al otro lado de la calle,
mi abuelita vive aterrada
de los insectos, las lagartijas, las ranas,
las arañas: del único modo
en que me puede mantener puertas adentro
es contándome cuentos
de su infancia en la finca.

Tan pronto como abuelita deja de hablar,
salgo corriendo, a escuchar
los cuentos salvajes que cuentan mis primos adultos
de hombres barbudos con uniformes verde olivo
que me asustan mucho más
que las arañas.

MÁS Y MÁS CUENTOS

Me resulta difícil creer
que estoy sobreviviendo
un verano entero
sin una biblioteca
en la que encontrar
la vieja magia
familiar
de los libros.

Pero contar cuentos se parece
a la magia también: una nueva forma
que es también
antigua
a la misma vez.

¿Tendré alguna vez el valor suficiente
para contar cuentos viejos-nuevos
a mi manera?

El bohío

En el bohío de piso de tierra
y pencas de guano de un vecino
veo cuán pocos objetos
tiene alguna gente.

Catres, sillas, una mesa rústica
y una montura lisa y brillante.
Aquí todo es hecho a mano,
excepto el pedacito de metal plateado
que da vueltas
y reluce
en una brida de cuero.

Sin agua corriente.
Sin electricidad.
Sin carro.
Solo un caballo: lo veo
a través de la puerta abierta,
un alazán rojo oscuro con patas negras
y crin y cola negras.
No tengo modo de saber
si es rápido y heroico,
pero la simple visión de un caballo
es suficiente para ayudarme a sentir
como que mi mente está en pleno vuelo
por los aires, con los cuatro cascos
a galope a través del claro
y oscuro
cielo.

ALAS

Mami es valiente.
Sabedora de lo mucho
que ansío tener las destrezas de un jinete,
le pregunta con timidez al vecino
si puedo montar a caballo.

El vecino es generoso, y también
está un poco sorprendido.
No puede creer que a una niña
de un país con carros
le podrían interesar
los animales.

Mad es mayor, así que a ella le toca el primer turno,
aunque ella siempre ha dicho
que los perros son sus favoritos,
mientras que soy yo la que tiene el antojo
de los maravillosos caballos.

Mientras mi hermana cabalga, yo miro.
Da miedo.
No es fácil: no es suave y elegante
como en las arriesgadas escenas de persecución
en las películas de vaqueros,
o en esos capítulos de las aventuras
de *El corcel negro*.

Cuando Mad por fin termina de galopar
por las calles y los campos aledaños,
detiene al sudoroso caballo con un tirón de la brida
y se desmonta con facilidad para que yo pueda
montarme
con torpeza.

¿Por qué no puedo ser esbelta y atlética
como un jinete de un caballo de carreras
o como mi hermana?

El caballo aguanta
mis esfuerzos nerviosos.
Me siento demasiado hacia delante
y sujeto las riendas
muy firmemente, y aprieto
las muelas y me agarro
a la montura,
primero a un trote disparejo,
luego a medio galope
y finalmente
a un galope rápido
¡que hace que todas
mis ensoñaciones
parezcan
reales!

En el aire.
Con los pies en la tierra.
A la vez.
Cuatro cascos en el cielo.
Luego abajo de nuevo.
Con alas.

CANTANTES Y BAILADORES

La carrera desorbitante en un caballo prestado
fue el sueño de mi vida hecho realidad.
Ninguna otra cosa pudo haber sido mejor,
ni siquiera la llegada del helado
en un carretón remolcado por una mula.

Coco. Piña. Mamey.
Sabores tropicales. Gustos coloridos.
Cuando el vendedor pregona
los helados que vende,
una de las primas adolescentes de mami
se pone a dar vueltas en la calle
girando la cintura
y meneando
las caderas.

Si nos quedáramos en la isla
para siempre, ¿creceré
con el coraje suficiente
para montar a caballo
a dondequiera que vaya, y seré lo suficientemente valiente
para bailar en público cada vez que compre
helado, caramelos o fruta
a uno de los pregoneros,
los vendedores cantantes de Cuba,
que caminan las calles de un lado a otro
todo el día,
cantando

para embelesar
a sus clientes
bailadores?

FIESTAS

Mi bisabuela es más vivaz
que cualquier niño que haya conocido jamás.
Su casa y su jardín siempre están
llenos de tíos y primos:
hombres barbudos y rasurados:
soldados, guajiros, un doctor, un titiritero,
y suficientes vecinos como para completar
un juego de bingo, de póker o de dominó.

Como no estoy acostumbrada a las fiestas, me siento sola
en el portal tranquilo,
a tejer flecos de hojas de palma
y hacer sombreritos de miniatura que me pongo
en los dedos.

Si nos quedamos en Cuba para siempre,
¿aprenderé a chacharear
y reírme, como los ruidosos
parientes de mami?

DUDAS

Mami tiene
problemas de algún tipo
con su pasaporte.

Si no recibe una visa de salida
—permiso para salir de Cuba—
y una visa de entrada
—permiso para volver a entrar en los Estados Unidos—
entonces es posible que no nos permitan
volar a casa a tiempo para encontrarnos con papá
cuando regrese a California
al final del verano.

Quizá esta isla no es
una fuente de coraje después de todo,
porque de repente
mami luce terriblemente ansiosa
en lugar de maravillosamente valiente.

LA GUAGUA

Vamos en una guagua abarrotada
hasta el centro de La Habana,
en donde están las oficinas del gobierno,
con respuestas para gente
que tiene complicadas
preguntas
sobre familias mixtas
en dos países.

La guagua solo detiene su andar para las ancianas,
las niñas y las mujeres bonitas como mami.
Los hombres y los niños tienen que correr, saltar, engancharse
a la primera parte de la guagua que puedan agarrar.
Tienen que sujetarse bien, mientras que las mujeres
y las niñas
se sientan en sus asientos
y se relajan.

Siempre les he tenido envidia a los niños, cuyas vidas
parecen mucho más aventureras,
pero a decir verdad ahora mismo
no me molesta tener un sitio en el que descansar
al lado de una ventanilla empañada
en la que puedo poner mi nariz
contra el cristal,
mirar hacia afuera
y sentirme
a salvo.

EXPLORACIÓN

Ciertas mañanas, mami está tan ocupada
con sus problemas del pasaporte
que a Mad y a mí se nos olvida preocuparnos,
sobre todo cuando a las tres
nos invitan a excursiones
en el carro de tío Pepe.

Una playa en la que los peces voladores
saltan y flotan en el aire.

Un bosque con flores enormes
que parecen tenazas de langosta
de un rojo vivo.

Cascadas y lagunas,
tranquilas piscinas de remolinos
de azul.

Fincas, aldeas, pueblos...
esta isla es una aventura interminable
mientras vamos de lugar en lugar
en un carro...

¿Entonces por qué aún siento envidia
cada vez que veo a un niño de pueblo
montado a caballo o encima
de una carreta de bueyes?

Algunas de las vistas
que mami describe
como pobreza extrema
lucen como si fueran
de una riqueza de lujos
para una niña de ciudad
que adora
el campo.

De viaje a la ciudad natal
de mi madre

¡Por fin dejamos atrás
La Habana!

Vamos rumbo a la ciudad natal
de mami, Trinidad,
en la costa sur de la isla,
donde mis padres se conocieron.

Solo queda a medio día de distancia,
pero aunque ya he estado ahí,
parece una travesía por los siglos,
lenta, como de ensueño, completamente vieja
y, sin embargo, extrañamente nueva.

Al pasar por los cañaverales
y los sembrados de plátanos,
todo se vuelve de un verde esmeralda
como si fuéramos rumbo al mundo de Oz.
Pero no habrá magos
en el pueblo natal de mami,
sino más parientes, y la casa
en la que creció, y la finca
en la que nacieron
abuelita
y mi bisabuela.
La finca en donde
espero convertirme
en mi yo verdadero.

Momentos de tranquilidad

Me siento como en casa,
aunque este pueblo tranquilo
no es mío.

Todo está igual a como lo recuerdo
antes de la guerra.
Las palmas y los campanarios se elevan
por encima de hileras de casas, cada pared
pintada en su propio matiz de una tonalidad de las frutas.
Rosado guayaba. Verde limón.
Amarillo piña.

Todo un pueblo tan apacible
y colorido
como un jardín.

Las palomas azules aletean en sus nidos
en los techos de tejas rojas.
Los jinetes conducen a los chivos
a través de senderos adoquinados.

Nos quedamos en una casa
en la que no me acuerdo de todos los nombres
de los parientes de mami, pero sí recuerdo
la grata sensación de las losas frescas
en los pies descalzos.

De inmediato, los viejos me empiezan a regañar
por ignorar el lujo
de los zapatos.

Mami me explica que en Cuba
hay gusanos que pueden trepar
a través de las plantas de los pies
y comérselo todo hasta llegar
al corazón.

¿Cómo es posible que un lugar
tan pacífico
pueda ser tan peligroso?

Ventanas tropicales

En esta casa de siglos,
cada ventana del piso al techo
es en verdad una apertura: sin cristal,
solo barrotes de hierro forjado
que dejan que la brisa del mar se cuele
como un espíritu amable.

Por la noche, las luciérnagas brillan intermitentemente
dentro de los cuartos
y grandes mariposas nocturnas de un verde pálido flotan
como elegantes fuegos fatuos de la luz de la luna.

En la mañana, todas estas criaturas de la noche
se desvanecen, reemplazadas por primos y vecinos
que miran a través de los barrotes de la ventana
para saludarme y conversar.

Cuando tío Darío trae caña de azúcar
de la finca, mastico los tallos dulces,
y absorbo el gusto que me sabe
a los rayos del sol.

¿Vale la pena pretender
que todo siempre será así de fácil?
Sin problemas con el pasaporte de mami.
Sin preguntas de coraje para mí.
Sin balas.
Sin gusanos.
Sin muerte.

Solo ventanas abiertas, la calidez del sol
y criaturas aladas que entran
y salen volando.

LA SIESTA

Luego de un almuerzo enorme de arroz amarillo
y frijoles negros, todos los adultos
se quedan dormidos en los sillones.

Se espera que los niños descansen
durante la hora de la siesta, pero Mad y yo sabemos
que esta es nuestra mejor oportunidad
de explorar.

El patio central tiene matas de fruta
y flores que estudiar, y las paredes
muestran intrigantes fotos en blanco y negro
de ancestros, imágenes de ojos muy abiertos
que me hacen sentir
casi tan soñolienta
como un adulto,
llena de años
hasta el tope.

LO QUE SE PIERDE EN LA TRADUCCIÓN

Un día, caminamos por los adoquines
para visitar a una parienta enferma que es tan vieja
que me sorprende su fuerza
cuando me pellizca el brazo y suspira:
¡Ay, qué gordita!

Sé que estoy un poquito regordeta,
pero que un adulto me llame gorda
me hace llorar tanto y tan fuerte
que todos los esfuerzos que hace mami para explicarme
son en vano.

No me importa si "rolliza" es un cumplido
en Cuba. No soporto la idea de esta anciana
flaca y enferma que envidia a cualquiera
lo suficientemente saludable como para aumentar de peso.

¿Por qué un insulto no puede tener tan solo
un significado, para que así pueda odiarla,
incluso si se está muriendo?

ESCAPE

Vivir entre dos maneras
de hablar
y escuchar
me hace sentir tan dividida
como las brechas entre
los idiomas.

Por fin vamos
de regreso a la finca,
en la que habrá más animales
que gente, y no tendré que esforzarme
en entender
a los viejos.

Mientras damos tumbos por un terreno fangoso
en el jeep destartalado de tío Darío, inhalo
el aroma de las flores que crecen al lado del camino,
con sus tallos largos y cubiertas de maleza,
enraizadas en un lodo
del color de la sangre.

Suelo rojo.
Colinas verdes.
Vacas blancas.
Caballos de tantos matices
que los colores no pueden
contarse.

Todo luce tan salvaje y libre
como medio recordaba
y medio imaginaba.

Es como si mi otro yo hubiese estado aquí
todo el tiempo:
la gemela invisible
que nunca dejó esta isla
y nunca
la dejará.

GUAJIROS

La ducha es un cubo.
El baño es una letrina.

La cena es un puerquito: adorable y chillón
hasta que uno de los primos mayores
tiene que cortarle el pescuezo y cavar un hoyo
y asar la carne
en un nido de ajo maloliente
y jugo de naranja agria,
sobre una base de resbalosas
hojas de plátano,
bajo tierra,
tal como si fuera
una tumba.

Quizá no soy lo suficientemente valiente
como para ser una verdadera niña de campo
después de todo.

SEPARACIÓN

Mami nos deja aquí.
Esta será la primera vez que pase
toda una noche lejos de ella.

Dice que va a ir a ver
a más parientes, y visitar una playa
y una cueva hermosa.

No puedo evitar preguntarme
si además hay algo misterioso
que tiene que ser preguntado y respondido
en una de esas oficinas del gobierno
en la que poderosos desconocidos
toman decisiones acerca de los pasaportes
de gente que pertenece a una mezcolanza
complicada de familias
en dos países.

El rodeo

Ahora que mami se ha ido, Mad y yo estamos ansiosas
de ayudar con los quehaceres de la finca,
pero no nos gusta ayudar a las mujeres,
que no hacen nada interesante:
solo cocinan, cosen, barren y limpian
las narices y los fondillos de los bebitos.

Queremos montar a caballo con los primos,
arrear a las vacas blancas cada noche,
para que sean ordeñadas
en la mañana.

A Mad le permiten ayudar con el rodeo,
porque es mayor y mejor jinete,
pero yo tendré que esperar mi turno.

Tío Darío promete que habrá muchos
otros veranos en los que pueda cabalgar, enlazar
y ser valiente, como un muchacho.

Esperar mi turno

Esa noche, duermo
en la finca,
escuchando a las lechuzas,
los mosquitos
y las vacas.

Escucho
a los caballos.
Mi futuro.

La hora del ordeño

Amanecer en la finca quiere decir
despertarse antes de que salga el sol e ir
al corral en el que hombres y muchachos mayores
ordeñan a las vacas, mientras los gatos merodean
a la espera de la oportunidad de darse un sorbito
de las gotas de leche derramadas.

Yo sostengo un vaso claro bajo una ubre
y dejo que atrape un chorro cremoso
de una espuma cálida
que sabe
a la luz de la luna.

Para el final del próximo verano
seré mayor.

Quizá para ese entonces, por fin me dejen
aprender la magia
del ordeño.

RITMO

Mad ha decidido atrapar un aura tiñosa,
el pájaro más grande que pudo encontrar.

Es tan resuelta e innovadora,
que al ensartar una trampa tambaleante
con cuerdas y palos, crea
una estructura enigmática que tal vez podría
ser lo suficientemente ingeniosa
como para engañar a un buitre,
una vez que la trampa lleva de carnada sobras de puerco
de la cena.

Mad y yo solíamos hacerlo todo juntas,
pero ahora a mí me hace falta un proyecto propio,
así que deambulo por los campos verdes
en busca de huesos.

El cráneo de un jabalí.
La quijada de un mulo.

Mis primos mayores me enseñan
a sacudir la quijada del mulo,
para hacer que los dientes romos
repiqueteen.

Guitarras.
Tambores.
Güiros.
Palos.

Un cencerro.
Una tabla de lavar.
Muy pronto, tenemos
toda una orquesta.

En las fincas cubanas, incluso la muerte
se puede convertir
en música.

El cuento de nunca acabar

Allá arriba, la ley no te alcanza,
susurra un primo sigiloso,
mientras señala hacia las cimas boscosas
de las altas montañas verdes.

La guerra no ha terminado después de todo.
Algunos de los revolucionarios
se han convertido
en contrarrevolucionarios.
Hombres que pelearon juntos
ahora pelean entre sí.

¿Y si las batallas
continúan y continúan
por siempre?

LA YEGUA DE MI ABUELA

Hombres con machete cortan la caña.
Muchachos a caballo se lucen con trucos
con sus sogas y sus lazos.
Nunca me voy a cansar de ver
todas las cosas
que no sé hacer.

La única cosa que sé mejor que nadie
es soñar despierta
mientras miro a los caballos,
así que cuando tío Darío
señala a una yegua roja
con una panza redonda,
y me dice que le pertenece
a su hermana —mi abuelita—,
le pregunto si puedo montarla.

Todavía no, es su frustrante respuesta.
Pero la yegua está encinta,
y mi tío abuelo me promete
que el próximo verano, puedo ayudar
a domesticar al potro, que,
según tío Darío,
¡será
mitad mío!

Se espera que lo comparta con mi hermana,
pero en tan solo unos pocos meses.
cada una de nosotras será medio dueña

de un potrillo
o una potrilla.

Cuando aprieto la mano tostada por el sol
del hermano de mi abuela, su piel
es como el tronco de un árbol,
marcada por el trabajo en el campo
y endurecida por el tiempo.

El año próximo: tan pronto,
pero mi emoción hace que un año entero
parezca
una eternidad.

ALIENTO

Hoy todos los primos van a caballo
a un matorral de matas silvestres de mamoncillo,
en donde incluso a las niñas se les permitirá trepar
por el tronco de los altos árboles,
para coger frutas y traer de vuelta
las suficientes para los adultos.

Uno de los muchachos mayores me guía
a un caballo marrón que no tiene montura,
solo un pequeño pedazo cuadrado de una colcha
que se mueve mientras me trepo a una cerca
para hacerme lo suficientemente alta como para saltar
a la parte trasera del caballo capón
que me llevará lo bastante rápido como para alcanzar
a Mad y a todos los primos,
que ya nos sacan
mucha ventaja...

A través de un campo, una colina y entonces
—tan pronto que aún no he tenido una oportunidad
de demostrar mi coraje— el pedazo
de la colcha se desliza hacia atrás, y se cae
por la grupa del caballo, así que doy un tumbo
y caigo en un charco de rojas huellas
de los cascos.

El caballo se detiene, se da la vuelta y me mira,
perplejo, sus ojos negros me preguntan por qué

fui tan tonta como para montarlo
tan solo con una colcha, en lugar
de una bien ajustada montura, y el firme
consuelo de los estribos.

¿Cómo voy a poder entrenar
a un potro o una potra vivaz
si ni siquiera puedo montar un viejo caballo capón?

Me seco las lágrimas, y esta vez, me subo
al lomo del caballo a pelo
sin la ayuda de una cerca, y dejo
la resbalosa colcha
en su sitio, medio enterrada
en un fango rojo sangre, mientras me agarro
a la espesa crin con las dos manos,
y me sujeto de las fuertes grupas marrones
con las piernas.

Puedo sentir el aire cálido
que emana del sudor del caballo,
un olor que siempre
me recordará el coraje.

Para el momento en que llego a los distantes árboles frutales,
la recogida ha terminado, todos los primos
se dan la vuelta con sus caballos
para cabalgar a casa.

No importa, porque
con aliento emocionado
y el corazón al ritmo de un tambor,
siento como si hubiese galopado
mucho más lejos de cualquier cosa
que hubiera conocido antes,
que ya soy mayor
e independiente.

HASTA PRONTO

Vine a esta isla de parientes
con nada más que mariposas.

Ahora me voy con balas secretas,
y una estalactita brillante de un amarillo pálido
que mami trajo de una cueva
en la que los indios cubanos
se escondieron de los invasores españoles.

También tengo el cráneo de un jabalí,
y la repiqueteante quijada
de un mulo musical,
y la promesa
de un caballo que voy a compartir
con mi hermana.
Una potra o un potro todo nuestro,
el tesoro del próximo
verano.
Pronto.
Muy pronto.

Cielo extraño

1961 – 1964

El regalo lejano

De regreso en los Estados Unidos,
vuelvo a los días tranquilos
de lectura y deberes escolares y la espera
por una carta de abuelita.

Cuando llega, una pequeña foto
de un potro castaño
viene dentro de una página de papel
de correo aéreo doblada,
tan delicado
que parece un rayo
de luna.

Patas largas. Crin hirsuta.
El potro rojo parece salvaje,
como un caballo prehistórico.
Mítico. Profético.
Un potro oráculo que predice
mi futuro como entrenadora,
aventurera,
exploradora:
quizás incluso como un centauro
con alas.

¡El próximo verano
comenzará
la transformación!

Hasta ese entonces,
mi yo verdadero
me espera en Cuba.

HASTA EL PRÓXIMO VERANO

Tendré que compartir el potro rojo con Mad,
pero algunos tesoros son tan despampanantes
que las fantasías sobre ellos
se vuelven privadas.

Pasa lo mismo
cuando pienso en los muchachos,
que antes solía mirar
como si no fueran nada más
que bajitos, aburridos
hombres adultos.

Ahora comienzan a parecer
misteriosos, aunque solo tengo nueve
años, y la mayoría de los muchachos todavía
me ignora.

FUERA DEL ALCANCE

Las noticias de la isla empeoran
cada día.
Los diplomáticos son expulsados.
Las relaciones entre los dos países
que amo
se han roto.

Papa dice que no habrá un próximo verano
en la isla.
Sin visita, ni vida en el campo, ni caballo
ni centauro con alas.

Ni abuelita tampoco,
ni bisabuela.

Mami se convierte en *Mom*, cambia
delante de mis ojos
de una persona común y corriente
que dejó su patria
pensando que regresaría
cada año...
a esta extraña, exiliada
entre naciones, una vagabunda perdida
cuyo país de nacimiento
y su parentela
de repente parecen
tan remotos
como la luna
o Marte.

ALGUNAS COSAS NUNCA
DEBERÍAN CAMBIAR

Sé exactamente cuándo mami se convirtió en *Mom*,
pero papá sigue siendo papá, pintando a Don Quijote,
el anhelante caballero que sueña con el coraje.

Los ojos de esas pinturas
aún se parecen a mis ojos.

¿Cuánto tiempo pasará
hasta que los dos países que amo
se perdonen mutuamente y sigan adelante,
para que yo pueda vivir a caballo,
como el anhelante caballero,
el soñador?

No estoy ni siquiera segura de qué hay que perdonar.
Algo acerca de que Cuba tomó propiedad
de refinerías de petróleo.
Todo es tan enredado.
¿Por qué una cosa tan fea como el petróleo
tendría que afectar la amistad entre naciones?

¿POR QUÉ TENEMOS QUE MUDARNOS?

Me encanta viajar, pero detesto mudarme.
Papá quiere un estudio de arte, y *Mom*
anhela un jardín más grande,
así que han tomado un préstamo de dinero
para comprar una casa rara
en una colina inclinada,
una casa precaria
que da una sensación de peligro,
como si fuera a deslizarse
pendiente abajo
durante el próximo
terremoto.

Mom lucha por librar
a su fiero jardín en la ladera de la colina,
de venenosas yerbas de ricino
e intrigantes arañas trampilla
—inteligentes criaturas de ojos grandes que miran
desde pequeños portales redondos,
las entradas a oscuros
túneles ocultos
en lo profundo de este seco suelo de barro
de nuestra curiosamente
salvaje ciudad.

CALLEJEROS

Sexto grado en una escuela nueva
significa una larga caminata
en descenso por la empinada colina
en una escalera de madera que hace las veces
de calle, como si me hubiese mudado
a un cuento que transcurre en otro
siglo.

Mad ya ha comenzado la secundaria,
y la vecinita de al lado me dice "española"
y me trata como si fuese una rareza,
así que me siento completamente sola
en esta nueva escuela
en la que nadie me conoce.

Casi nadie me habla,
hasta que un día
de regreso a casa
me encuentro a una gatita de calicó
abandonada debajo
de la escalera de madera.

La colorida gatita callejera
me brinda la poesía
de su ronroneo,
así que la recojo,
la llevo a casa,
y demando

el derecho
de quedármela.

Mis padres están tan distraídos con las noticias
que dicen que sí, aunque
papá es alérgico y Mad tiene
un perrito nuevo.

Mi gatita tendrá que vivir a la intemperie,
pero está bien, porque yo también me quiero quedar
al aire libre, jugando todo el día
con insectos y plantas
en lugar de con la gente.

No tengo amigos humanos, ni manera
de llegar a la isla de mi caballo,
así que busco pájaros y retoños
que identificar, y llevo un martillo
en caso de que encuentre rocas con cristales
o fósiles que extraer.

Hay algo de eso de saber
los nombres y las caras,
de las creaciones de la naturaleza
que me ayuda a sentirme
casi en casa
en mi bruscamente dividido
mundo
que se encoge.

MI VIDA EN LA BIBLIOTECA

Los libros se convierten en mi refugio.
La lectura me mantiene esperanzada.
Me enamoro de los poemas cortos,
mientras más cortos, mejor: haikus
de Japón, y diminutas rimas
de Emily Dickinson.

Luego doy paso a volúmenes largos
que en realidad no puedo entender: sonetos
y obras de teatro de Shakespeare, y novelas
escritas para adultos: cuentos de tierras tropicales
con un brillante sol caliente que ilumina
los problemas humanos.

Todo se desmorona de Chinua Achebe,
de Nigeria.
Néctar en un tamiz de Kamala Markandaya,
de la India.

Nunca encuentro ningún libro
acerca de la hermosa isla
verde con forma de cocodrilo
que late
en el centro de mi ser,
como una criatura viva,
mitad corazón
y mitad bestia.

Quizá un día
intentaré
escribir uno.

ABRIL DE 1961

Bahía de Cochinos.
Una invasión pantanosa.
Está en todos los noticieros:
un ataque de exiliados cubanos
entrenados por la CIA,
armados con las armas
de los Estados Unidos.

Desembarcaron a solo cincuenta millas de Trinidad.
Pero pronto son derrotados.
La vasta Estados Unidos pierde
mientras que la pequeñita Cuba gana, y ahora
ambos gobiernos
están incluso más enojados
que antes.

Las restricciones de viaje son reforzadas.
No hay manera de que alguna vez nos sea posible
volver a visitar a la distante mitad
de nuestra familia.

LA SECUNDARIA

Un verano en casa,
con libros, arañas, una gatita,
plantas, rocas, y luego, en septiembre:
Washington Irving Junior High.
Una escuela nombrada en honor al autor
de *La leyenda de Sleepy Hollow*.
Quizá es por eso que me siento
como una sombra.

Séptimo grado.
Once años.
Una polilla de libros, inadaptada social,
con largas trenzas negras,
infantiles medias blancas,
puntiagudos espejuelos rosados
y sin coraje
para coquetear.

No toma mucho tiempo notar
que soy ridícula.

Las muchachas me ignoran, o me dicen que me corte
las trenzas del país de mis ancestros,
mientras que los muchachos me ignoran, o se burlan de mí
por llevar espejuelos gruesos.

Así que doy tumbos por los pasillos
—sin espejuelos— soportando una visión nublada

en mi nefasto esfuerzo
por encajar.

Para cuando termina el primer mes,
ya me he cortado el pelo
y he empezado a enredármelo,
halando las hebras negras
hacia atrás,
para crear rígidos
nudos y marañas.

Me afeito las piernas.
Experimento con lápiz de ojos.
Rímel.
Creyón labial.

Una falda remangada
es un reto que invita
a la severa vice directora de las chicas
a expulsarme temporalmente.

Y lo hace.
Toda una tarde en casa
con un libro.

Si tan solo pudiera cambiar
mi naturaleza tímida,
en lugar
de mi falda corta.

EL APRENDIZAJE

Una vez que he conquistado el arte
de pretender que me da lo mismo
lo que piensen de mí los demás muchachos,
comienzo a prestar atención en clase,
y descubro que me encanta
investigar en la biblioteca
para mis pruebas de historia
sobre tierras antiguas.
Da la sensación de ser una forma
de viaje en el tiempo.

En la clase de inglés, escribo mitos:
cuentos que explican pequeños
misterios científicos,
como ¿por qué un perezoso
se cuelga cabeza abajo,
y qué es lo que piensa un caracol
respecto al tiempo?

En casa, garabateo poemas diminutos
en todas las paredes de mi cuarto.
Dentro de esos versos en miniatura
me siento a salvo, como si fuese una jicotea
y las palabras
fueran mi carapacho.

El arduo aprendizaje

Me encantan las palabras, pero detesto los números,
En álgebra, las fórmulas raras me derrotan.
No me importa por qué X es mayor que Y.
Ni siquiera me importa si suspendo.
No tiene sentido trabajar tan duro,
si los demás muchachos se burlarán de mí de todos modos,
por ser inteligente, mientras me siento estúpida.

Así que me vuelo la clase para esconderme en el baño,
y hacer como que fumo.

Las muchachas que fuman de verdad me miran fijamente.
Poco a poco, comienzan a hablarme.
Una a una, parecen amistarse conmigo,
y me preguntan si les escribiría sus pruebas del semestre.
¿Les voy a hacer la tarea de inglés y de historia?
Seguro.
¿Por qué no?
Ya estoy metida en un lío.
¿Por qué no ponerme a andar con los alborotadores?

SOLEDAD

Así que me uno a las otras muchachas que no pertenecen
a ninguna parte, y deambulamos juntas
por la escuela.

Pero en los fines de semana,
mientras ellas se van de fiesta,
yo camino sola a un museo
en el que hay una muestra de tejidos
y cestas de los indios americanos
Sin firma.
Sin crédito.
Nunca sabré los nombres
de las mujeres que hicieron
todos estos bellos objetos
de arte útil.

¿Acaso el trabajo de una muchacha
siempre tiene que ser
tan anónimo?

OCTUBRE DE 1962

Noticias desalentadoras.
Noticias espeluznantes.
Aterradoras.
Horripilantes.
Mortales.

Tan solo la conmoción y el miedo son suficientes
para hacer que los viejos se mueran de ataques al corazón,
mientras que los jóvenes tienen que aguantar
una vigilia, este tormento,
la lenta espera
para comenzar a respirar
aire envenenado.

Aviones espía de los Estados Unidos han fotografiado
armas nucleares de la Rusia soviética
en Cuba.

Ejercicios de ataque aéreo en la escuela.
Advertencias del Día del Juicio Final.

Diatribas contra la isla.
Lenguaje de odio.
Lenguaje de guerra.
Pesar.
Rabia.

SOLITARIA

Me siento como la última sobreviviente
de una tribu antigua,
la única muchacha en el mundo
que entiende
su idioma.

Esta ciudad enorme parece demasiado pequeña
para contener todos mis sentimientos.
Tengo ansias de una verdadera tierra salvaje
en la que pueda estar a solas.
Desconocida.

Mis padres deben estar en estado de choque,
porque generalmente hablan
entre sí, y generalmente
entre susurros.

Imagino que deben estar diciendo cosas
muy terribles como para que Mad y yo
las escuchemos.

MÁS AIRE ENVENENADO

Los reporteros lo llaman La Crisis de los Misiles.
Los maestros dicen que es el fin del mundo.

En la escuela, nos instruyen que miremos hacia arriba
y que estemos pendientes del cielo maldito por los cubanos.
Busquen un rayo de luz.
Estén al tanto de un chillido penetrante,
el silbato que nos va a advertir
mientras las venenosas bombas atómicas
pasan zumbando cerca.

Escóndanse bajo un escritorio.
Pretenden que los muebles serán suficiente
para protegernos de las peligrosas llamas.
Radiación. Contaminación. Aliento tóxico.

Cada ejercicio de ataque aéreo es puro terror,
pero algunos de los muchachos de la ciudad se ríen.
Ellos no creen que la muerte
es real.

Nunca han tocado una bala,
o visto un buitre, o hecho música
al sacudir
la quijada
de un mulo.

Cuando me escondo bajo mi frágil escritorio escolar,
mi corazón se vuelve tan áspero y quebradizo
como el bloque de madera
que no puede protegerme
de la pesadumbre
de la realidad.

ESPERAR LA MUERTE

Casi dos semanas de horror.
Rabia. Amilanamiento. Visiones del Juicio Final.
Del 22 al 28 de octubre
nadie habla de nada más
que de nubes en forma de hongo.
Bombas atómicas.
Cuba.
El mal.

Las despensas en los supermercados están vacías.
La gente acapara comida y agua.
Las máscaras antigases son guardadas en refugios antiaéreos:
costosas cámaras subterráneas
que solo la gente rica puede pagar.

Al resto de nosotros nos dejarán sobre tierra,
en donde tendremos que inhalar
el aire envenenado.

ESPERANDO A ENTENDER

En casa, silencio.
En la escuela, cháchara.

Durante las visitas a los parientes de papá,
largos argumentos complicados
acerca del comunismo.
Capitalismo.
Guerra.
Paz.
Subsistencia.

Me escapo a la guarida tranquila
de tía Marcela, en donde leo revistas
y libros de aventuras,
en lugar de escuchar
la confusión
adulta.

Esperando a ser rescatados

Buques de guerra de los Estados Unidos rodean la isla.
Las conversaciones entre los líderes son la única esperanza.
Conversaciones secretas.
Conversaciones misteriosas.
Lo único que sé es lo que aprendo
al escuchar mientras los reporteros de la tele
se esfuerzan en adivinar y tratan de predecir
el horripilante
futuro.

Mensajes poderosos deben
estar pasando de un lado a otro
entre el presidente americano
y el mandatario soviético.
Kennedy.
Khrushchev.

La seguridad de todo el mundo depende
de las palabras de dos hombres
que son enemigos.

QUEDARSE CON LA DUDA

No entiendo el comunismo
o el capitalismo, o presidentes
o mandatarios, o radiación
nuclear.

Sí sé que *aire* significa tanto
espíritu como aire.
Aliento.
Inhalaciones.
Peligroso.
Precioso.

¿Cómo voy a decidir si respiro
el cielo tóxico?

¿Y qué hay de la ultratumba?
¿Existe algo más allá de este lento tormento
de esperar a la muerte?

IMAGINAR

Mi hermana me cuenta las tramas
de las películas de horror, mientras nuestros padres
miran más y más noticias.

No sé qué es peor,
La masa devoradora y *13 fantasmas*,
o los noticieros de NBC y CBS.

Casi no puedo soportar a ninguno de los dos.
Lo único que quiero es leer
La Ilíada, *La odisea*,
Las fábulas de Esopo, *La tempestad*,
Sueño de una noche de verano.
Cuentos antiguos con finales
que tienen significados
en lugar de dudas.

SUPERVIVENCIA

La diplomacia tiene éxito. Las palabras ganan.
La muerte pierde.

Luego de dos semanas de conversaciones secretas
de los líderes del mundo,
el resto de la gente en la tierra puede respirar
por fin.

Las naciones no fueron destruidas.
Las ciudades no fueron desbastadas.
Nadie murió.

No fue una guerra real.
Los reporteros hablaron de la Guerra Fría,
casi una guerra de palabras,
no una batalla con bombas
y sangre.

Ahora estamos a salvo de inhalar.
Ni radiación.

Ni veneno.
Excepto por las toxinas
dejadas en las mentes de los maestros
cuando hablan
de Cuba.

Tres lados en cada historia

Dos poderes mundiales de la Guerra Fría
me hacen pensar en las dos formas
del encantamiento en los cuentos de hadas.

Una es servicial, la otra es peligrosa.
A la primera la llamamos magia, a la otra,
un maleficio.

¿Pero qué hay de Cuba?
Si los Estados Unidos es todo el bien,
y la Rusia soviética es todo el mal,
¿entonces qué es la isla,
y qué se siente al estar atrapado
como abuelita y mi bisabuela
tío Pepe, tío Darío, mis primos?

Atrapados entre los misiles rusos
y los buques de guerra norteamericanos.

Rodeados.
Sin fronteras que cruzar.
Sin vía de escape.
Alrededor, en cada dirección,
están el mar azul y el aire azul,
toda la belleza y el peligro
del agua natural
y el poderoso cielo.

¿Y qué pasará al final?
¿Esperan que abuelita
piense en nosotros
como sus enemigos?

LA VIDA CONTINÚA

Los días y las noches vuelven a ser
curiosamente normales.

Escuela. Ensoñaciones. Libros.
Poemas en las paredes. Familia.

Entonces llega mi primer baile de la secundaria.
Los muchachos son tímidos.
Las muchachas están desilusionadas.

Luego, en mi primera fiesta de la secundaria,
en una casa en la que los padres
no están en casa, casi nadie es tímido.
Casi todos beben, fuman, se ríen
y se besuquean.
Excepto yo.

Todavía solo tengo
once años.

El primero

El primer beso.
En un embarcadero.
En la playa.
Él tiene dieciséis años.
Yo tengo once.

Podría jurar
que lo amo
o declarar
que lo odio.

Lo único que sé
es que un primer beso
no debería
ser así.

Por tanto, corro.
Lejos.
Sola.
Confundida.

El último

Luego de huir a la carrera de ese beso
que da miedo, no tengo esperanzas de enamorame,
ni siquiera de que me guste alguien.

Ya no hay más infancia
ni sueños intermedios.
Nada que imaginar
que sea mi futuro.

No hay yo verdadero.
Solo libros.

El único objetivo en la secundaria parece ser
echarse un novio, pero todo cuanto tengo ahora
es amigos que desaparecen: muchachas mayores
que alardean de los porros, las metanfetaminas, la heroína,
el sexo y otras aventuras
que nada tienen
que ver conmigo.

Pronto, casi todas mis nuevas amigas
están embarazadas y adictas.

Dejan la escuela,
se quedan a vivir con sus padres,
solicitan subsidios del estado.

Cuando las veo empujando los cochecitos
de sus bebés en el centro comercial,
lucen viejas y cansadas.

REBELIÓN

Discuto con mis padres
por cosas sin importancia.

Corto revistas de viaje
y cubro los espacios sin poemas
en las paredes de mi cuarto
con imágenes radiantes
de lugares soleados.

Me siento lo suficientemente mayor como para viajar
por mi propia cuenta,
lista para huir
e irme de casa.

Así que empiezo a ahorrar
todo el dinero que gano como niñera
para un viaje —sola—
a la India o Fiji o Brasil,
cualquier lugar tropical
y distante.

INVISIBLE

¿Por qué ya no hablamos más
de Cuba?

Nadie en casa ni en la escuela
parece acordarse de la Crisis de los Misiles
o de la Guerra Fría.

La isla se ha desvanecido de los mapas
en las revistas de viajes, de los afiches
en las agencias de viajes, de los libros
en la clase de historia.

Nadie quiere pensar en esas
dos semanas de miedo
que casi nos mataron.

¿Acaso mi gemela invisible existe aún
de aquel lado, la valiente muchacha isleña
que sabía bailar
y galopar?

PEQUEÑOS VIAJES

En verdad ya no viajamos
más en familia,
no fuera de las fronteras de Estados Unidos.

Todas nuestras aventuras son cortas
y simples.

Montañas cercanas. Riachuelos mansos.
Juntos, nos sentamos al lado de la corriente
de agua dulce a escuchar.

Papá quiere volver a Europa
a estudiar una nueva técnica de arte,
pero *Mom* ahora es una desplazada.

Sin ninguna relación diplomática
entre Estados Unidos y Cuba,
no hay embajada ni consulado.
Ningún lugar en el que renovar su pasaporte
vencido.

CERCA DE CASA

Ahora todas las noticias son de Estados Unidos.
Mississippi. Memphis. Martin Luther King Jr.
Cuando en una iglesia de Alabama estalla una bomba
que pusieron racistas extremistas, mueren cuatro niñas,
activistas de derechos civiles son asesinados,
y la gente en todo el país
desfila para exigir igualdad de derechos.

Mi familia también desfila.
Mi propia voz desafinada se levanta, y canta
"Venceremos", y también otras canciones,
acerca de un árbol que está cerca del agua
y se resiste a moverse.

Muy pronto, pienso en mi vida como algo
más grande y audaz
que la secundaria.

Pero cuando el presidente Kennedy
es asesinado, los reporteros se apresuran
a culpar a Cuba.

FANTASMAGÓRICO

Mom se queda en casa
cuando vamos a los desfiles.

¿Por qué todavía la sigue vigilando
el FBI?
¿Es posible que la deporten?

Podría cambiar su país.
Tomar un examen de naturalización.
Contestar todas las preguntas.
Jurar lealtad a los Estados Unidos.
Hacerse ciudadana.
Votar.
Dar la cara a los hechos,
aceptar la pérdida del derecho a viajar
de ida y vuelta a la tierra
en que nació.
Pero no lo hace.

Todo lo demás acerca de su isla
parece tan distante
que se agarra
a su inservible pasaporte:
ese último enlace
fino como el papel.

He escuchado que a las personas que no tienen estado
se les llama fantasmas.

Sin identificación.
Sin país.
No pueden cruzar fronteras.
Pero muchos de ellos son refugiados
que no tienen oportunidad de escoger
un país nuevo.

¿Es *Mom* la única persona en la tierra
que se mantiene
sin estado
por elección propia?

COMUNICACIÓN

Cuba vuelve a parecer real otra vez.
Abuelita escribe cartas en código,
inventando metáforas poéticas
para impedir que los censores de la isla
entiendan sus palabras.

Cuando dice que tío Darío
trabaja duro en el jardín,
Mom de algún modo sabe que eso significa
que ha sido arrestado y enviado
a una prisión o a un campo de trabajo forzado.
No sabemos por qué: ¿les dio de comer
a esos contrarrevolucionarios
que peleaban en las montañas?
¿Bebieron leche fresca
y masticaron la dulce caña de azúcar
de los campos verde esmeralda?

Las demás noticias son igual de impactantes.
Han prohibido a los pregoneros.

Vender cualquier cosa es ilegal.
Nadie está autorizado a tener ninguna ganancia.

Las religiones pronto también serán prohibidas.
¿Qué pasará con la llama eterna

que abuelita encendió cuando Mad
sobrevivió la poliomielitis
hace tanto tiempo?

LA NATURALEZA

Cuando llega otro verano,
nos escapamos de la confusión
de la vida en la ciudad y las noticias del mundo
y las pérdidas personales
con acampadas.

Damos caminatas al lado de las cascadas,
escalamos montañas redondas,
y alquilamos caballos dóciles
para montar
en los senderos silvestres.

Es lo más cerca que hemos estado
en mucho tiempo
de sentirnos
como una familia
normal.

VOLVER A LA VIDA

En casa, *Mom* abre un hospital
para plantas domésticas
abandonadas y descuidadas, que saca
de los cestos plásticos de basura
de nuestros vecinos.

Les cura las raíces y les devuelve la salud
con agua, fertilizante
y esperanza.

Sus esfuerzos son premiados
con unos retoños espectaculares.

Al verla, aprendo
a ayudar a que las cosas perdidas
den un salto
de vuelta a la vida.

Dos alas

1965

Un remolino de cambios

Algunas cosas perdidas pueden ser devueltas a la vida,
pero otras tienen que ser transformadas.

Mad y yo escuchamos a los Beatles
mientras papá insiste con la ópera
y *Mom* todavía escoge boleros
románticos y el alegre son montuno,
la música de los guajiros que montan a caballo
y en carretas de bueyes.

Ciertas ideas comienzan a fluir al revés,
de los jóvenes a los viejos.
Mad y yo le enseñamos a *Mom* a dejar
de planchar las sábanas, comenzar a ponerse vaqueros
y dejar de hablar de un modo tan respetuoso
que no le permite explicar
el cuento de la cigüeña
a la vida adolescente.

Cuando intenta enseñarnos de los noviazgos,
usa las reglas que aprendió
cuando era niña:
nunca llames a los chicos.
Espera a que te inviten a salir.
Cuando por fin llegue la invitación,
no actúes con mucho entusiasmo.

¿Por qué siento que estoy a la espera
de que comience
mi vida real?

PLANES DE VIAJE

Con nuevas palabras como "hippie"
para reemplazar a "beatnik"
y "bohemio", papá reclama
la sed de viajar
de su juventud.

Inglaterra, Francia, Italia
y todo un mes en España.
Ha pedido suficiente dinero prestado
para seis meses en Europa, en donde
va a estudiar una nueva técnica de arte
en París, y luego, en el verano,
nos reuniremos con él
para deambular como nómadas.

Pero solo si *Mom* puede obtener
un permiso especial mediante visitas
a toda suerte de oficinas del gobierno.

Su plan tiene que ser muy preciso.
Las fechas y los puertos de entrada
para cada país
tienen que ser oficialmente aprobados
con antelación.
Lo mismo pasa
con las salidas.
Ninguna nación quiere arriesgarse
con una visita de un fantasma cubano
desplazado.

LA REALIDAD

Mom está nerviosa. Ansiosa. Con miedo.
Les habla a sus plantas rescatadas,
instando a las hojas marrones
a volverse verdes.

Nuestros nuevos planes de viaje son tan reales,
mientras que las memorias de Cuba parecen
imaginarias.

Pero la isla no es una fantasía.
Las poéticas cartas de abuelita revelan dolor.
La finca ha desaparecido, confiscada.
El ganado, los caballos y los primos
se han desvanecido.
La comida es racionada.
Los cubanos tienen hambre.

Pero en la escuela, no estudiamos
el embargo comercial de nuestra nación
contra la isla.

Los maestros ya no mencionan
la prohibición de viajar o la Crisis de los Misiles
o los desplazados
o los refugiados
del futuro.

Solo estudiamos la Roma antigua
y George Washington,
como si solo el pasado distante
pudiera
ser comprendido.

MI PROPIA VISIÓN DE LA HISTORIA

La Guerra Fría.
Mi pavor
helado.

La Guerra Fría.
Mis esperanzas
congeladas.

¿Pero cómo es posible que una casi-guerra,
o cualquier otra cosa, se mantenga congelada tanto tiempo,
en esa cálida isla tropical
en la que incluso la más fresca
brisa del mar
parece
vapor?

POR LOS AIRES

Al volar sobre Irlanda,
las ondulantes colinas verdes
me hacen pensar en Cuba.

En Londres, caigo bajo el hechizo
del cuello elegantemente arqueado
de un blanco caballo de mármol,
esculpido
y al galope.

En Francia, cada catedral ofrece
lecciones de arte para papá, pero junto
a la luz espectacular y la dramática
arquitectura, cada brillante vitral
contiene una historia.
Desierto. Salvador. Ángeles.
Pastores. Peregrinos. Santos.
Mendigos. Sufrimiento.
Esperanza.

NÓMADAS

Gárgolas.
Castillos con mazmorras.
Caminos serpenteantes
que nos llevan
de pueblo
en pueblo.

Somos una familia errante.
Cada comida es un pícnic con pan fresco,
manzanas, yogur y queso.

Ya no me siento taciturna y triste.
En el camino, soy libre de tener
el corazón de una niña otra vez, llena de curiosidad,
una exploradora intrépida, sin miedo a ver
lugares nuevos, gente inusual,
costumbres extrañas
comportamientos raros...

PINTURAS EN LAS CUEVAS

En España, nos aventuramos bajo tierra,
en el misterio del arte prehistórico.
Bisontes, caballos, huellas humanas.
Manadas de sentimientos salvajes
extintos hace tiempo.

Las paredes de las cuevas son piedras frías
cubiertas con pigmentos terrosos
de barro rojo, marrón y amarillo.

Las formas en la piedra antigua
se convierten en los vientres hinchados
y los cuernos curvos
de los animales pintados.

Las manadas parecen moverse,
creando ondas a través del tiempo.

Comienzo a entender
que cada vez que escribo
un poema en una pared
en casa, en verdad no estoy
sola.

Ciertos anhelos
son compartidos
por todos.

Incluso los cavernícolas.
Las cavernícolas.
Los niños.
Los jóvenes.

CABALLOS IMAGINARIOS

Cuando llegamos a los campos de trigo
de La Mancha —la parte de España
en la que un soñador de un libro de cuentos
imaginó que era un valiente caballero—
papá se vuelve excepcionalmente juguetón,
a punto de reventar de placer
ante la oportunidad de sentir
la tierra de Don Quijote,
el sujeto de tantas
de sus propias nostálgicas pinturas.

Papá toma un palo para usarlo de lanza
y se pone un tazón al revés
en la cabeza para crear un yelmo
que le dé el coraje
para atacar a un molino de viento, mientras pretende
que las lentas aspas
son los enormes brazos
de un monstruo
gigantesco.

Al mirar a un artista que cree
en el poder de los cuentos,
me resulta fácil
ver
el aliento jadeante
del caballo invisible
del valiente caballero.

IDIOMAS SECRETOS

Por toda España, los desconocidos nos hablan
en español, luego murmuran entre sí
en dialectos abolidos: vasco, catalán
y gallego, todas las lenguas proscritas
de las provincias de la región.

Las palabras son ilegales,
prohibidas
por un dictador.

Noto el modo temeroso
en que los españoles miran
a los oficiales uniformados
de la Guardia Civil.

¿En verdad los podrían arrestar
tan solo por susurrar palabras comunes y corrientes?

Nunca he tenido que vivir en un sitio
en donde no tengo permiso para expresar
todas mis opiniones
abiertamente.

Ahora imagino cómo se sienten
quienes *tienen* que usar metáforas poéticas,
en lugar de disfrutar
su belleza sencilla.

No en balde abuelita siempre encuentra
maneras tan floridas de decir cosas feas
en sus cuidadosamente censuradas
cartas por correo aéreo.

Para este entonces, ya soy lo suficientemente mayor
para entender
que la revolución de la isla simplemente reemplazó
una tiranía con otra.

De derecha o de izquierda, los tiranos siempre
intentan controlar la comunicación.
Siempre
fracasan.

LA VIDA EN EL PUEBLO

Luego de visitar muchas ciudades y ver
cada museo fenomenal, nos instalamos
durante un mes en una casa alquilada
en una colina soleada sobre una playa rocosa.

Cuando el pueblo celebra un festival,
los jóvenes dejan que las vacas los persigan
hasta el final de un embarcadero.
Aunque las vacas
hacen que los fuertes jóvenes luzcan ridículos,
la risa ayuda a que todos se sientan
unidos.

Cuando las caravanas de los nómadas gitanos
cruzan el campo en sus coches de caballos,
siento que cada criatura en la tierra
quizá podría estar misteriosamente conectada,
mientras deambulamos de un lugar
a otro, aprendiendo constantemente
sobre las costumbres de los demás.

PREGUNTAS SIN RESPUESTA

Como no puedo nadar muy bien, miro a Mad
y papá divertirse en las olas.
¿Por qué siempre han sido tan valientes
en la vida diaria, mientras que *Mom* solo muestra su coraje
de maneras inesperadas, y yo solo soy intrépida
con las palabras?

La gente del pueblo es amistosa y parlanchina,
aunque se quejan de los Estados Unidos conmigo,
preguntándome por qué
apoyamos a su dictador, y por qué
construimos bases navales en España.
No sé responder a estas preguntas
de gobiernos.
No del mío.
Ni del de ellos.
Y ciertamente no del cubano.

Lo único que sé es que estoy agradecida
por mis dos idiomas
para poder explicarles
que no puedo explicarles.

El acto de hablar es casi
como tener
alas.

LAS LLAMAS FINALES

Cuando una ola de calor
provoca un incendio forestal
que arrasa rápidamente
con un pueblo de la ladera,
todos los aldeanos
forman una fila para pasar
cubos de agua
de mano en mano,
trabajando juntos
para impedir
la devastación.

Es una imagen que pienso recordar,
esta unidad espontánea
de cara
a un desastre.

MI SEGUNDA ALA

La poesía es como un ala
de mi habilidad mental para viajar
lejos de la tristeza.

Ahora España me ha recordado
que hay otros viajes
que también son mágicos.
Que puedo querer
a muchos países,
no solo a dos.

Cuando reemprendemos el viaje después de un mes
en la aldea, visitamos las casas
de artistas famosos en Francia e Italia,
en donde vemos estatuas de mármol
y pinturas magníficas.

Pero mezclado entre esas aventuras,
hay un momento duro
que se queda conmigo —como un fantasma—
luego de que nos prohíben la entrada
en la frontera suiza,
simplemente por cuenta
del pasaporte cubano de *Mom*.
Para el momento que dejamos Europa,
tengo catorce años, argollas doradas
en mis orejas, como los gitanos,

y cuños exóticos
por todo mi pasaporte.

Mi pasaporte.
Ese inquietante documento
que declara específicamente
que no puede ser usado para viajar
a Cuba.

ESPERANZA

Lo único que sé del futuro
es que será hermoso.

Una casi-guerra
no puede durar
por siempre.

Algún día, seguramente tendré la libertad
de regresar a la isla de todos mis sueños
de infancia.

Relaciones diplomáticas normales.
Una familia común y corriente: unida.
Viajes mágicos, de ida y vuelta.
Va a suceder.
¿Cuándo?

CRONOLOGÍA DE LA GUERRA FRÍA

La siguiente lista muestra solo algunos de los eventos más fáciles de entender de una era compleja y peligrosa en la que gran parte del mundo estaba dividida en regiones hostiles.

1945
Estados Unidos destruye las ciudades japonesas de Hiroshima y Nagasaki con el primer uso en el mundo de una bomba atómica con fines militares.

Después de la Segunda Guerra Mundial, los Aliados dividieron a Alemania en zonas de ocupación influenciadas por Estados Unidos y la Unión Soviética.

1948
La ocupación comunista de Checoslovaquia lanzó una larga serie de acciones militares soviéticas en las naciones de Europa del Este.

1949
La Rusia Soviética detona sus primeras armas nucleares.

La revolución comunista en China.

1950–1953
La Guerra de Corea; Corea es dividida en zona comunista y zona capitalista.

1954

El derrocamiento armado estadounidense del gobierno electo democráticamente de Guatemala lanza una larga serie de acciones militares estadounidenses en naciones de América Latina.

1956–1959

La revolución en Cuba.

1960

Cuba nacionaliza las refinerías de petróleo y muchos negocios norteamericanos en la isla.

Estados Unidos restringe el comercio con Cuba.

Cuba aumenta el comercio con la Unión Soviética.

1961

Exiliados cubanos entrenados por Estados Unidos atacan la isla en la fallida invasión de Bahía de Cochinos.

El gobierno cubano se alinea con la Unión Soviética.

Estados Unidos rompe relaciones diplomáticas con Cuba y limita los viajes de los ciudadanos norteamericanos a la isla.

El gobierno de la República Democrática Alemana (la Alemania del Este comunista) levanta el Muro de Berlín para impedir que sus ciudadanos escapen a la Alemania Occidental (influenciada por Estados Unidos).

1962

La Crisis "cubana" de los Misiles (conocida en Cuba como
La Crisis de Octubre, y en Rusia y el Caribe como La Crisis
del Caribe) comenzó cuando aviones espía de Estados Unidos
detectaron armas nucleares rusas en la isla. El mundo entero está
al borde de una guerra atómica sin cuartel hasta que la crisis es
resuelta mediante negociaciones secretas entre el presidente de
Estados Unidos, Kennedy, y el mandatario soviético, Khrushchev.
Los misiles rusos son retirados de Cuba a cambio de que Estados
Unidos retire sus misiles de Turquía. Las restricciones de viajes a
Cuba son reforzadas por Estados Unidos.

1965–1975

La Guerra de Vietnam: Estados Unidos es derrotado.

1979–1989

La Guerra soviética en Afganistán: Rusia es derrotada.

El Muro de Berlín es desactivado y derribado.

La Unión Soviética se derrumba luego de que las naciones de
Europa del Este declaran la independencia.

1991

Fin de la Guerra Fría a nivel mundial, con la excepción de las
continuas tensiones entre Corea del Norte y Corea del Sur y las
continuas restricciones de viaje y comercio de Estados Unidos a
Cuba.

2014

Anuncios simultáneos del presidente estadounidense Barack Obama y el mandatario cubano Raúl Castro declaran que un proceso gradual de normalización de las relaciones diplomáticas, de comercio y de viajes comenzará en enero de 2015.

Nota de la autora

Aire encantado es la historia real de mis primeros catorce años. Como las memorias tempranas tienden a arremolinarse a través del tiempo, algunos eventos están indudablemente fuera de orden, mientras que es probable que otros entraran en mi mente a través de las historias contadas por parientes mayores, o incluso al mirar fotografías.

Nunca pensé que tendría el valor de escribir acerca de mi vida como una niña cubano-americana que creció en Estados Unidos durante las hostilidades de la Guerra Fría. Pensé que sería demasiado insoportable. Por eso he escogido centrarme en memorias de viaje. Viajar es una experiencia mágica. Viajar abre el corazón y es un reto a la mente. Viajar nos da la oportunidad de ver cómo viven los demás, ya sean parientes o desconocidos. Viajar nos enseña a ser compasivos.

Poco después de mi última visita a Cuba en 1960, una devastadora prohibición de viajar fue impuesta por el Departamento del Tesoro de Estados Unidos, bajo el acta de Comerciar con el enemigo. Cuando todavía era una adolescente, comencé a solicitar permiso para regresar a Cuba. Como ambos países me negaron la visa, empujé a la isla a la parte trasera de mi mente. Con el tiempo, mi abuela se convirtió en refugiada. Ella y mi madre se hicieron ciudadanas de Estados Unidos.

De adulta, estudié agricultura, botánica y escritura creativa, me convertí en la primera mujer profesora de agronomía de una de las universidades politécnicas de California y viajé por toda Latinoamérica, ansiosa de aprender acerca de otros países. Me casé, formé una familia, y disfruté una vida norteamericana común y corriente, pero esa sensación de pérdida que me dejó la Guerra Fría —una casi-guerra— nunca me abandonó.

En 1991, treinta y un años después de mi última visita de infancia a la patria de mi madre, por fin fui bendecida con la oportunidad de visitar a mis parientes, quienes comenzaron a llamarme la embajadora de la familia. Más de medio siglo después de la Crisis de los Misiles, los dos países que quiero todavía no habían renovado relaciones diplomáticas. He regresado a Cuba en muchas ocasiones con programas de ayuda humanitaria y por visitas legales de familia, pero mientras escribo esto, uno de los más cercanos vecinos de Estados Unidos está comenzando a ser más accesible para otros ciudadanos norteamericanos.

Mientras escribía *Aire encantado*, mi esperanza era que la normalización comenzara antes de que el libro saliera a imprenta. Ese ruego ha sido respondido. Ojalá este pequeño libro de memorias de la infancia sirva como una de las rosas blancas de José Martí: una súplica poética por la oportunidad de tratar a los vecinos como amigos.

Margarita Engle
Enero de 2015

Cultivo una rosa blanca
en julio como en enero,
para el amigo sincero
que me da su mano franca.

Y para el cruel que me arranca
el corazón con que vivo,
cardo ni oruga cultivo;
cultivo una rosa blanca.

José Martí
de "Versos sencillos"

AGRADECIMIENTOS

Agradezco a Dios la magia de viajar y el milagro de la esperanza.

Estoy profundamente agradecida a mis padres, mi hermana y mi parentela por las experiencias de mis viajes de infancia, y a mi esposo y mis hijos por viajes posteriores.

Abrazos a los primos.

Por sugerirme que escribiera unas memorias de la infancia, estoy eternamente agradecida a Oralia Garza de Cortes.

Abrazos a los siguientes amigos que me escucharon mientras me quejaba de la dificultad de escribir unas memorias de la infancia: Sandra Ríos Valderrama, Angelica Carpenter y Joan Schoettler.

Gracias especiales a Michelle Humphrey, mi agente maravillosa, a Reka Simonsen, mi increíble editora, y al fantástico equipo editorial de Atheneum. Por la despampanante ilustración de la portada, le estoy agradecida a Edel Rodríguez, y por el hermoso diseño, va mi gratitud a Debra Sfetsios-Conover.